人際關係與溝通

Interpersonal Relations and
Communication

林欽榮　著

許 序

在現代社會中，人際關係與溝通是相當重要的。不論在日常生活中或工作上，每個人都要有良好的人際關係與順暢的人際溝通，才能得到他人的支持與協助，以求能生活愉快、工作順利。事實上，人際關係與溝通是個古老的問題。因爲它是自有人類以來即已存在的，沒有任何人是不需要與人建立關係的，也沒有任何人是不需要與人溝通的。當然，人人都企求人際關係良好以及人際溝通順暢。是故，人際關係與溝通是吾人所必須正視的課題。

人際關係與溝通雖然是人際間的互動行爲，但其基礎實是建立在個人自我上。如果每個人都能健全其自我，將更容易建立與他人的美好關係，並願意和他人進行良性的溝通；否則，不但無法產生良好關係，且更難進行任何溝通，自無美滿的日常生活可言，也難有順暢而和諧的職場社會環境。

誠如本書作者所言，良好的人際關係應是具有幸福感的，亦即施與受的雙方都能同感喜悅歡愉，則其間的關係始能更爲穩固。是故，人際關係應是相互調適，且能有美好的感受的，這是吾人在人際相處之中所必須加以警覺與努力的。如果每個人都能體驗此種心境，則在與他人相處時，其關係才會是成功的。

再者，人際溝通亦然。事實上，人際溝通固然要講求技巧，

但更要依靠心靈，所謂「心領神會」、「傳乎其技」就是一種心靈的傳達。在人際溝通過程中，若缺乏心靈上的流通，將可能造成「溝而不通」的境地。所謂「蘊乎中，形之外」，正足以說明心靈交流是人際溝通的根基。因此，人際溝通的品質正繫於人際間心靈的純正。有了純正的心靈方不至於爾虞我詐，而能促成心靈的交流，增進更順暢而成功的人際溝通。

今本校工業工程與管理科林欽榮教授完成「人際關係與溝通」初稿，索序於余，儘管忙忙碌碌，仍願略贅數語，大力推介，誠感佩林教授於教學之餘，勤奮著述，所敘理念與本人相近，故甚樂為之序。

自 序

　　自有人類社會以來，就存在著人際行為的問題。早期人類從事狩獵、漁牧、農耕等活動，就已透過人際合作的行為而維繫其生活。今日即使科技的發達，仍需仰賴人際間的合作而共創更美好的生活。人們透過人際間彼此的互動關係，而提供生活上的便利，且依據良好的溝通與關係，而在工作上有優越的表現。凡此都顯示出人際關係與溝通的重要性。

　　個人自出生之後，即在家庭中學習和體會人際關係的意涵，一方面透過溝通而形成其關係，另一方面又依家人的關係而不斷地訓練其溝通技巧。其後，個人逐漸接觸到鄰居、學校、社區、工作團體、廣大的社會等，不斷地擴展其人際關係，且運用其溝通技巧，卒而建立其在社會中的地位。個人不論在日常生活中或工作上都必須建立起自己的人際關係，且運用純熟的溝通技巧，完成自我的各項目標。此乃為個人必須重視其人際關係與溝通的基本原因。

　　惟人際關係與人際溝通都屬於人際行為之一，是人類社會自然存在的問題。因為人是社會的動物，社會行為係由許許多多複雜的人際行為所構成的，而社會關係亦係由無數的人際關係與溝通所交織而成的。在人類社會中，若無人際關係與溝通，則整個社會是無法存在的，至少是毫無秩序的。蓋人類本就需要建構人

際關係網，用以維繫其生存，並透過人際溝通而維護其關係，據以達成人生目標。是故，人際關係與溝通乃是吾人所必須加以重視的課題。

　　若就人際行為而言，人際關係與人際溝通是相互依存、交互為用的。人際關係是人際相處之道，基本上應是和諧互助的，而人際溝通是一種人際間意見的交流，更應是平和順暢的。此兩者的共同目標，都在維護人類的基本生活與生存，最終目的則在創造人類的最大幸福。惟無論是人際關係或人際溝通，都是從自我出發的。只有個人願意與他人交往，始有交互行為的產生。因此，吾人要想建立和諧的人際關係，並進行順暢的人際溝通，就要從自我的修為做起，然後才能進行與他人的合宜交往，共創美滿的生活與工作環境。

　　當然，人際行為既是人際間的事件，絕非一人所可獨力完成的，它必須能符合兩個人或多人的意願，才能建立起關係並進行有效的溝通。這些不僅係基於理論架構的延伸，更涉及技巧的運用。因此，本書除了探討人際關係與溝通的理論基礎之外，更論述有關的實務技巧。不管是人際關係與溝通的理論及其實務技巧，都有助於個人生涯目標的訂定和生涯過程的發展。是故，個人必須能正視這些理論原則和實務技巧，用以發展個人的生活過程，並完成其生涯目標。

　　本書撰寫期間，承蒙台灣科技大學教授、東方工商專校校長許博士勝雄先生的多方鼓勵，並應允作序，對作者有無限的激勵作用，甚為感激。又完稿之後，承揚智文化公司總經理葉忠賢先生之慨允出版，以及其他工作人員的協助，在此一併致謝。當然，本書若有任何闕漏之處，其責全在作者。尚祈各界先進不吝指教，至禱。

林欽榮　謹識

目 錄

第一篇

導　論

　　近代行為科學的研究，最主要目的乃在瞭解人類行為的特質，用以解決人類行為的問題。人際關係與人際溝通的研究，正含有此種意味。就本質而論，整個人類社會的問題其實就是人際行為的問題。因為人類社會原本就是人際行為所構成的關係之體系。因此，人際關係不僅是自古以來即已存在的事實，更是今日吾人需細加探究的主題。本書為求探討的便利性，乃將之細分為四篇。第一篇「導論」，首先引介人際關係與人際溝通的內涵，以作為以後各篇的指引。第二篇「人際關係」，探討形成人際關係的個體因素、人際互動、團體動態、組織與社會文化等層面的影響；並研討其中可能引發的障礙與衝突，以及如何建立和維持良好的人際關係。第三篇「人際溝通」，乃在研討人際交流分析、溝通過程、要素、類型等，以及人際溝通的障礙和應如何培養溝通能力。第四篇「實務上的運用」，則在討論工作場所和日常生活中人際關係與人際溝通的實際問題。總之，全書的宗旨乃在求運用合宜的溝通技巧，藉以建立良好而和諧的人際關係，最終目標則在謀求人類的幸福生活。

第1章

緒論

人際關係乃為自有人類即已存在的問題，所謂「人以群分，物以類聚」，正足以顯示人際關係是人類生活的最重要過程。在社會生活中，人們常在某種程度上預測或期望他人將如何對待自己，並決定自己應如何去對待別人，這些期望乃決定了自我人際關係的態度，並影響了個人生活品質的良窳優劣。因此，建立良好而和諧的人際關係，是每個人所必須努力的目標。惟人際關係的好壞係取決於人際溝通的合宜性與有效性。本章首先將討論人際關係的本質與人際溝通的涵義，接著研討人際行為模式及其目標，最後指出本書所欲探討的內容，以作為全書的基本架構。

第一節　人際關係的本質

　　人類自出生那一刻起，就處於人際關係中。首先，他從與母親的接觸當中，體驗並建立起人際關係的意義；其次，他從與周圍的人和環境中學習人際相處的技巧；然後，他又在人際相處之中體會到和他人相處之道，並建立和發展出自己的人際關係。在此種過程中，個人從和父母、親友、同學、同儕，甚至於陌生人接觸中，體會和學習人際關係的真諦。個人若能由此建立起成功而良好的人際關係，則在生活中或事業生涯上較能得到人生的快樂與滿足；相反地，個人若無法維持良好的人際關係，較難得到生活上的樂趣與人際相處的幸福感。

　　然則，何謂人際關係？所謂人際關係（interpersonal relations），是指人與人之間相處的關係，亦即為人際相處之道，故亦可稱之為人我關係或人己關係。基本上，人際關係應是和諧的、互助的。唯有和諧的、互助的人際關係，才能有助於個人人

格的發展與成長，並增進社會的繁榮與進步。因此，人際關係是個人在社會化過程中相當重要的一環。

　　有些人常說：良好的人際關係，就是「人面很廣、熟識的人很多」的意思。事實上，此種說法並非完全正確。固然，那是人際關係的一面，但那只是表示人際關係複雜而已，卻不能說是人際關係良好。蓋就人口生態學（human ecology）而言，每個人的人際關係常有遠近親疏之分。有些人的人際關係寬廣而複雜，有些人的人際關係狹小而單純。不管人際關係的寬廣或狹小、單純或複雜，都無法代表人際關係的好壞，真正的人際關係是無關多寡的。不過，有時吾人也不能否認：寬廣的人際關係是由良好的相處技巧所堆砌起來的，因為沒有良好人際關係的基礎也很難建立起寬廣的人際關係。

　　那麼，什麼是良好的人際關係呢？真正的人際關係應是基於個人之間真誠的交往，良好的人際關係應是具有幸福感的。也就是說，良好的人際關係是出自於個人之間誠心誠意的真摯感。當別人受到自己真誠的付出時，個人與他人都有了幸福感，這才是良好人際關係的所在。因此，真正良好的人際關係絕不是片面的、膚淺的；而應是有深度的、分享的。易言之，良好的人際關係，必須有真誠的互動與溝通，且能分享彼此的經驗與情感。

　　職是以觀，真正良好的人際關係，應從本身做起，最重要的是建立起自己的良好形象，才能贏得他人的好感，爭取他人樂於與自己相處的機會，這才是真正良好的人際關係。當個人有了建全的人格，才能懂得與他人相處之道，才能建立起良好人際關係的基礎，容易取得他人的信任與接納，而得到友善的回應，友誼的溫暖，甚或得到欣賞或幫助。相反地，不良的人際關係多起自於不健全的人格，常與他人衝突，容易造成誤解、不信任，甚而受到他人的排斥、猜疑。

此外，人際關係與團體關係（group relations）、人群關係（human relations）、公眾關係（public relations）有些不同。團體關係是指團體內部成員的互動關係（此可視為人際關係），或團體與團體間關係；而人群關係泛指人與人、群與群、人與群等的交錯關係；公眾關係係是指某機關組織與大眾之間的關係。以上這些名詞所指涉的對象，並不相同；但這些關係基本上都應建立在良好形象、相互溝通、彼此信賴和真誠交往的基礎上。

第二節　人際溝通的涵義

人際關係的好壞幾乎完全取決於人際溝通的是否合宜，故而人際溝通是人際關係的基石。所謂人際溝通（interpersonal communication），就是個人將其意念傳給他人，並欲尋求共同瞭解，期其能採取相同行動的過程。在本質上，人際溝通就是一種意見交流，它是一種人與人之間互動的過程。易言之，人際溝通是人與人之間彼此傳遞訊息和尋求共同瞭解的過程。它永遠涉及兩個人，即傳達者和接受者。一個人是不必作溝通的（除非自我內在心靈的溝通），必有兩個人以上始有作溝通的必要。基此，人際溝通至少包括下列概念：

人際溝通為兩人間的互動

人際溝通若是一種行動，則某個人將訊息傳達給另一人時，就視為行動（act）或行為（behavior）；且此種行動或行為是相互流通的。易言之，人際溝通是兩個人將訊息傳達和接收不斷進行交換而來的，此即為一種互動關係。此種關係可能是支配性的（dominant），也可能是互制性的（domineering）；但都是一種

互動關係，至少是兩個人之間的互動關係。因此，人際溝通是兩個人或兩個人以上的互動關係。

人際溝通是有一定過程的

人際溝通既是一種互動的關係，則此種關係的形成必有一定的過程。易言之，人際溝通是由某個人發出訊息，而由接收者做出反應的過程。不管其間通過那些途徑或何種媒介或運用何種工具或方法，但都代表著一定的過程。此種過程常顯現出溝通者和接收者之間的心理狀態與當時情境。

人際溝通是具有社會性的

人際溝通不僅在傳達個人的思想、觀念和行動，而且常顯現出當時的社會與物理情境。當兩人在交談時，其所溝通的不僅限於談話的內容，而且也包括由交談時肢體動作所散發出某種訊息的信號（signals）和象徵（symbols）；而此種信號和象徵正含有社會文化的意義，此必須為同社會文化團體的個人始能理解。因此，人際溝通過程中的徵象正是社會化的一部分。

人際溝通是有策略性質的

個人在與他人溝通時，為求達成溝通目標，必然會採用若干策略；這些策略是與所有目標相關的溝通行動。因此，人際溝通是有選擇性的、有結構的、有方向的、可控制的，且是自願的。就溝通而言，傳達某些訊息是為了達成某種目標，故是策略性的。一項沒有目標或策略的談話，只能算是一種閒談，而不是溝通。

人際溝通是具有目標性的

　　人們之所以願意與人溝通是有目的的，此種目的可能在尋求自我需求的滿足，如自我發表慾；也可能希望與他人建立關係，如尋求他人的協助；也可能為追求其他目標，如尋求讚賞、獲得他人在金錢上的奧援、獲得地位或權力等等。這些都可能是溝通的目標。

　　總之，人際溝通既是一種意見的交流，則必牽涉到兩人間的互動關係，故有一定的過程、目的、策略，且具有社會互動的意義。它是人類最基本的生活技巧之一，有效的溝通技巧可幫助吾人改善生活品質，增進個人生活的愉快程度，贏得他人的尊敬與信賴，終能結交更多的朋友，建立起良好的人際關係。然而，人際溝通宜針對不同的對象，運用不同的溝通技巧，始能達成溝通的目標，此將在本書後續各章中繼續探討之。

第三節　人際行為模式

　　無論是人際關係或人際溝通，都各自為一種人際行為形態；此種行為形態都有一定的模式，吾人稱之為人際行為模式。所有的人際行為都是由個體出發的，而個體行為的基礎乃為由價值觀、態度、動機、知覺、人格、學習等所構成，以致在人際環境中依人際互動過程而作自我表現。自我表現乃包括自我概念、自我形象、自我知覺、自我肯定和自我目標等；而人際互動過程則包括人際知覺、人際吸引、人際溝通和人際親疏等。至於人際環境則包括組織環境、社會環境、文化環境和物理環境等。人際行為在經過這些要素與過程的影響後，當會形成某種結果，並依此種結果作再檢討，由是乃形成人際關係的確定、維持或功能與目

標的達成與否。其中這些過程與要素是交互影響、相激相盪的，此種整體模式即為人際行為模式，如圖1-1所示。

在人際行為模式中，人際目標、人際環境、人際表現等應是人際行為的主體。蓋目標乃為任何活動的終極標的，缺乏目標的活動將無法呈現活動的方向，也將失去活動的意義。人際環境是人際行為的領域，沒有行為領域將無活動的舞台，則無行為的存在。至於，人際表現乃為兩人或多人互動的結果，缺乏人際表現則無人際實體活動的存在。茲再分述如下：

人際目標

目標是任何活動的指向與運作的方向；而人際目標是以目標導向為基礎，呈現出個人或他人互動的方向與原則。本書將人際目標依其層次，分為自我目標、關係目標和工具性目標，此將於下節詳加討論。不過，吾人在此要指出的是，任何人類行為都是有目標的，人際行為亦然。例如，個人之所以要和他人交往，可能在尋求他人的協助，也可能為了凸顯自我的才能，也可能只在尋求他人的肯定和安慰。凡此都各是一種人際目標，此已於前節討論過。

人際環境

人際活動都必然是在某種環境中運作的。當然，人際環境可包括內在環境與外在環境。內在環境是指個人的心理狀態，如前述的個人行為基礎與自我表現等因素。至於外在環境可擴大到人際互動過程與人際環境層面等的各項要素，如人際親疏、人際溝通、人際吸引、人際知覺，以及組織、社會、文化、物理環境等是。以上這些因素都是相互影響、交互作用的，故人際環境是複雜而多變的。

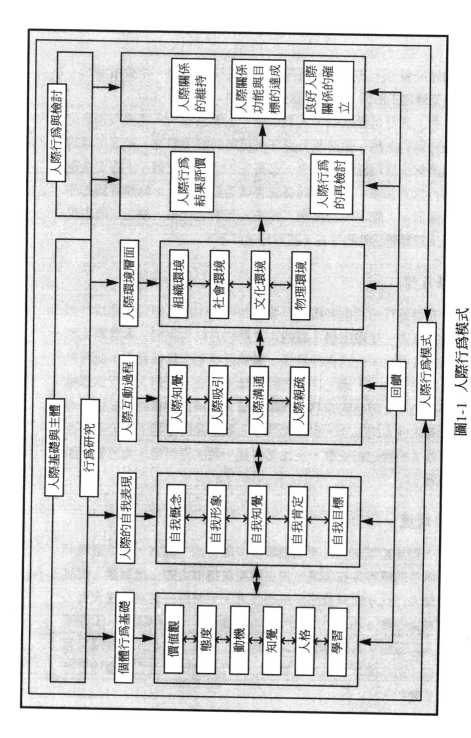

圖1-1　人際行為模式

人際表現

在人際交往過程中，人際間所表現出來的行為是最真實而具體的。無論個人與他人交往時，是採取何種策略或表現出何種恩怨情仇，這些都是實體表現。當然，不管個人表現何種行為特性，這些都可能隨著時空環境而變化。然而，即使人際行為有某種變化，但都在呈現其事象；此種事象固然深受人際互動過程和知覺所影響，卻都是一種呈現出來的具體事實，只是它可能是良好的關係，或可能是不良的關係而已。

總之，人類的任何行為都有它的一定模式，人際行為亦然。人際行為基本上是以個體為主體的，然後在人際環境中與他人互動，最後呈現出人際行為的目標。此種目標當然是人際關係的目標，也是人際溝通的目標。此將於下節繼續討論之。

第四節　人際行為目標

人際關係與人際溝通同屬於人際行為，惟人際溝通會影響人際關係的好壞，而人際關係的好壞同樣會左右人際溝通的有效性。有效的人際溝通往往會形成良好的人際關係，而無效的人際溝通卻會造成不良的人際關係。相反地，良好的人際關係較易進行有效的意見溝通；而不良的人際關係較難進行有效的意見溝通。因此，人際關係與人際溝通是息息相關、互為因果的。有時，一方為手段、方法或工具，而另一方則為目標、標的或目的。然而，不管其先後順序為何，兩者共同的目標至少包括：自我目標、關係目標、工具目標。

自我目標

　　人際行為的基本目標之一，就是在實現自我的目標；亦即為表現自我成就、建立我自意識、維護自我形象、表達自我概念、尋求自我滿足等是。個人必須處於人際關係之中，且與他人溝通才能顯現出上述各項自我的目標；缺乏人際行為，則自我各項目標必無法達成。是故，自我目標是人際行為目標之一。個人必須處於人際之中，才能凸顯出自我；沒有他人的比較，個人將無法確知「我是誰」。

　　就整個人際行為而言，自我是其中最主要的重心，沒有自我就無人際關係與人際溝通的存在。在人際行為中，個人乃藉以作自我概念的表達，用以增進自我肯定的感受，使他人能瞭解我們，且懂得如何對待我們。同時，個人可依此而營造出維持自我形象的方法。其次，個人在人際行為中將學會如何作自我防衛，此乃因他人對個人有所質疑時，個人可在人際相處中求得解釋的機會。最後，自我常在人際行為中作自我表露，展現開放自我認知的機會，以便能與他人建立關係。總之，自我目標乃是人際行為包括人際關係與人際溝通的首要目標。

關係目標

　　所謂關係目標，係指人際關係親疏的程度之目標。就關係程度而言，人際行為可分為增進關係、維持關係和疏遠關係三種。所謂增進關係，包括增進彼此的瞭解、能夠相互依賴以及增強彼此的親密度等。所謂維持關係，專指藉著互動和溝通行為來維繫彼此的關係。至於，疏遠關係則為彼此分離，以及完全減少或停止彼此間的溝通行為。當然，就良性互動的觀點而言，人際關係應是愈親密愈好，否則疏離的人際關係只會造成人際間的隔閡。就人際行為的本質而言，吾人當然想增進或維持與他人的良好關

係，而避免疏遠的關係，這也是人際行為研究的目標。

　　再者，就實務而言，人際關係可能是親密的，也可能是疏遠的，只是吾人應如何應對和處理而已。不過，為了追求高品質的人際行為，吾人必須重視關係目標的存在與重要性。在人際關係目標中，吾人應培養更多的社會適應性，以增進人際關係的相互瞭解，並增進相互依賴性，且形成親密的關係。事實上，人際關係有時是人際溝通的產物，而溝通的良窳又取決於人際關係的品質。為了提升人類生活的品質，吾人實應建立與維持良好的人際關係態度。

工具目標

　　人際行為的另一項目標，乃為工具性目標。所謂工具性目標，就是人們藉著人際交互行為而達成某種目的之謂。例如，人們因為與人交往或溝通而尋求他人的協助即是。顯然地，尋求得到他人協助是目的，而與人交往或溝通是工具或手段。事實上，在人際關係或人際溝通中，工具性目標往往是凸顯的目標，而自我和關係目標是隱性的目標。當然，在大部分情況下，人際行為都是工具性目標、關係目標和自我目標兼俱的。

　　至於工具性目標，可就兩方面來說：就積極面而言，人際行為的工具性目標乃為達成與他人和睦相處；就消極面而言，人際行為的工具性目標就是在消除人際間的衝突。不論是達成和他人和睦相處，或消除人際間的衝突，都是人際行為的最終目標。此兩者都代表個人在人際行為中用以影響他人，並獲得可欲的資源和利益，故是器質性或工具性的。

　　總之，人際行為的目標主要包括自我的、關係的、工具的。自我目標最主要乃在展現自我能力，用以維護自我的良好形象；關係目標最主要為建立、維持和增進與他人的關係；而工具性目

標則在達成與他人相處中能贏得他人的順從，並取得可用的資源和利益。此三者是有層次性的，首由自我出發而建立與他人的關係，最後達成個人的工具性目標。

第五節　本書的架構

人際關係與溝通是自有人類以來，即已存在的古老問題。事實上，只要有人類社會存在，就有人際關係和人際溝通的問題。因為人是社會的動物，合群與團結合作是人類生存的必要條件；缺乏此種條件，人類將很難生存。惟為了尋求團結合作，人們必須發展和諧的關係，並作良性的互動與溝通；缺乏良好的關係與溝通，人類將很難合作或合群。是故，探討人際關係與溝通，乃為吾人所要深思的課題。尤其是今日由於科技的發達，人們往往忽視人性的需求與人際關係的建立，以致造成人際的疏離與溝通的不良，卒而引發許多誤解，形成人際間的衝突。本書的宗旨即在探討這些問題，期能尋求建立良好的人際關係與良性溝通之道。

本書一方面就人際關係和人際溝通的主題分開論述，另一方面則就理論和實務分別闡述，以致將之分為四篇加以探討：

第一篇「導論」，只列一章。第一章〈緒論〉，乃在說明人際關係的本質、人際溝通的涵義、人際行為的模式、人際行為的目標，並揭示本書所欲討論的範圍。

第二篇「人際關係」，概分為五章。其中第二章〈人際的個體層面〉，討論個體行為的基礎、身心發展與社會適應、人際間的自我表現、人際目標與自我表露、體認個別差異的存在等。第三章〈人際的互動層面〉，分別探討人際互動的意涵、人際互動過程的

基礎、兩人互動與人際關係、團體動態與人際關係、家庭對個人人際關係的影響等。第四章〈人際的情境層面〉，列述情境的意義與內涵、人際的組織環境、人際的社會環境、人際的文化因素、人際的物質環境等。第五章〈人際間衝突〉，探求人際衝突的意義、成因、過程、方式，以及人際間衝突的結果和解決與預防之道。第六章〈人際關係的建立與維持〉，乃在研析人際關係的理論基礎、表現方式，以及良好人際關係的準則、人際關係的建立過程，以及人際關係應如何維持和可能發生的疏離狀況等。

第三篇「人際溝通」，細分為五章。其中第七章〈人際溝通的本質〉，乃在敘述人際溝通的模式、原則、特性、功能以及如何發展溝通能力。第八章〈人際交流分析〉，乃在闡明交流分析的緣起與意義、基本元素、交流型別及其運用等。第九章〈常用的溝通方式〉，乃在敘明非語言溝通、語言溝通、文字溝通等方式及其互用，並能理解他人的溝通方式。第十章〈人際溝通的障礙〉，乃在說明溝通障礙存在的事實，並分述內在、外在與語意的溝通障礙，以及解除溝通障礙的途徑。第十一章〈溝通能力的培養〉，乃在闡釋吾人應如何認清溝通環境，健全的自我能力，勇於面對人群，並能持續接受溝通訓練，且實地身體力行。

第四篇「實務上的運用」，計分為五章。其中第十二章〈職場上的人際關係〉，乃在實際探討與上司、同事、部屬、外界人士等的互動關係，並分析人際相處不和睦的原因，且尋求維繫良好關係之道。第十三章〈其他場合的人際關係〉，則在研析與家人、鄰居、朋友、同學、陌生人等相處之道。第十四章〈人際溝通技巧〉，乃在探討基本的溝通技巧，並認識深層的溝通技巧，以避免人際衝突的發生，並善用注意傾聽與自我表露的技巧。第十五章〈協商談判技巧〉，乃在討論協商談判的理論基礎、法則、過程，以及協商談判失敗的原因與其技巧的運用。第十六章〈團體互動

技巧〉，則在論述團體的性質、溝通網路，以及有效團體的要件，和團體領袖的角色與任務，兼及團體成員應如何互動的技巧。

　　總之，人際關係與人際溝通同屬於人際行為，其間關係是相當密切，且兩者都是從自我出發，而在一定的環境中與他人互動，並為完成人際目標而行事。雖然，吾人將之分開討論；惟在事實上，兩者是一體的。有了良好而和諧的人際關係，才能有良性的人際溝通；而有了良性的人際溝通，也才會有和諧而合作的人際關係。這正是本書的要旨所在。

第二篇

●●●●●●●●●●●●●●●●●●●●●●●●●●●●●●●●

人際關係

　　人自出生以來，即置身於人際關係之中。最初，個人所接
觸到的是家庭中的人際關係，從中學習愛與被愛、尊重與被尊
重、以及歸屬感的有無等需求，而奠定了日後發展各種人際關
係的基礎。其後，個人仍然不斷地在學校、社會團體、工作場
合中學習各種不同的人際關係。只是，有些人很幸運地從中培
養出正確的人際關係觀念，從而能建立與維繫良好的人際關
係；而有些人則否。此及究其人於個人的不同成長歷程，而影響
此種歷程的因素甚多，其乃為個體與整體環境交互作用的結
果。本篇將分析影響人際關係的個人層面、互動層面、環境層
面等基礎，繼而研討可能阻礙人際關係的建立與發展之障礙與
人際衝突，進而探究如何建立與維持正常而良好的人際關係。

第2章

人際的個體層面

- 個體行為的基礎
- 身心發展與社會適應
- 人際間的自我表現
- 人際目標與自我表露
- 體認個別差異的存在

人際關係好壞的建立與發展，大部分乃取決於個人行為特質與人格特性；而個人人格與行為特性，乃是個人在社會環境中不斷學習與成長的結果。易言之，個人人格特質與行為特性，是決定人際關係好壞的基礎，且是建立、維持與發展人際關係的決定性因素。因此，吾人要研究人際關係，首先必須瞭解個人行為的基礎，以及其身心的發展；其次，探討個人在人際關係中應如何表現自我，且瞭解自我目標將如何影響人際關係，從而體認個人之間的差異，以求能確切地建立適宜的人際關係。

第一節　個體行為的基礎

個體是社會環境中的一份子，其行為表現是價值觀、態度、動機、知覺、人格、學習等因素的組合；而這些因素又是個人在社會化過程中逐漸形成的。就個體而言，個人行為就是自我和環境交互作用的結果。因此，吾人要想討論人際關係，自不能超脫構成個體行為的這些因素。本節首先將逐一探討這些行為基礎，以及其對人際關係的影響。

價值

價值（value）為決定個人是否與他人交往的首要因素。價值乃代表個人的基本信念，它是個人所偏愛或反對的行為作風或結果的最終狀態。價值往往帶有道德的色彩，隱含著「什麼是對的，什麼是錯的」、「什麼是好的，什麼是壞的」或「什麼是值得的，什麼是不值得的」等想法。當個人認為與某人交往是對的、好的或值得的，他就願意與某人交往；相反地，個人若認為與某

人交往是錯的、壞的或不值得的，他就拒絕與之交往。因此，價值乃為構成人際交往的行為基礎。

當然，完整地表現個人價值的是一套價值系統（value system），這一套價值系統可包括自由、平等、快樂、尊重、誠實、服從、公正、公平等，這些元素可能直接或間接地影響到個人的動機、態度、知覺、學習、人格和行為；且常隨著環境的變化與個人成長的過程而有所不同，以致個人在不同成長的階段而有不同的交往對象，從而影響到人際關係的改變。例如，個人在學生時代所交往的對象，往往是純樸的同學，彼此之間較少牽涉到利害關係的瓜葛；而一旦進入社會職場，可能結交一些利害關係較強的對象，而與其他不同利害關係的個人產生某些競爭，甚或發生衝突。此即為不同人生階段的價值觀影響到人際關係改變的結果。因此，個人價值觀往往是決定或影響人際關係的基礎之一。

態度

態度是另一個決定人際關係的個人行為基礎之一。個人在與他人交往的過程中，態度的表現往往是立即、直接而明顯的。所謂態度（attitude），是指個人對一切事物的主觀觀點，係屬於一種心理狀態。態度與價值不同，價值是更廣泛、更概括的概念，如對或錯即是；而態度較具有特定性、情感性，如喜歡或不喜歡即是。就人際關係而言，個人若喜歡某個對象，就會表現出想和他交往的態度；相反地，若個人不喜歡某個對象，他將表現拒絕的態度。此種態度的表現往往是顯而易見的，且在人際交往的過程中顯現出來，以致直接影響到人際交往的程度和人際關係的好壞。

動機

　　人際關係的建立與維持，有時常受到個人動機的影響。若個人缺乏與人交往的意願或需求，則不容易建立或維持長久而正常的人際關係。相反地，若個人有和他人交往的意願或需求，他將容易與他人交往。此種意願和需求，即稱之為動機。所謂動機（motivation），是指個人行為的內在心理原因，是人類行為的原動力。有了動機，才有行動可言；缺乏動機，就無以採取行動。當個人有和某人交往的動機，不管動機的原因是什麼，他必設法與他人接觸，從而採取交往的行動。是故，動機乃為構成人際關係的基礎之一。

知覺

　　知覺（perception）乃是個體對他人的一種看法。個人常透過感覺系統將此種看法，加以組織、選擇和解釋，且賦以某些意義。事實上，個人對他人的知覺有些是真實的，有些卻不是真實的；但卻會造成對個體行為的影響，從而決定個人是否與他人交往，並左右人際關係的好壞。當個人對他人的知覺是好的，他將樂意與之交往；相反地，若個人對他人的知覺是不好的，他將拒絕與之交往；甚或改變原已存在的關係。因此，知覺對人際關係的影響，是毋庸置疑的。

人格

　　人格或稱之為個性或性格（personality），它是個體心理特質的綜合，係個人在對人己、對事物作適應時所表現的獨立特性；此種特性為長期在遺傳、環境、成熟、學習等因素交互作用下而形成的。人格是個體行為的最主要部分，是個體行為的代表；個

體行為的特性都是透過人格而表現出來的。就人際關係而言，個人性格往往決定人際關係的好壞。此外，具有外向性格的人較易與人交往，而具內向性格的人較難與人交往。因為人格是個人自我概念的延伸，吾人要研究人際關係，就必須瞭解個人的性格；而要瞭解個人的性格，就必須探討個人的人格特質。

學習

學習是個體過去的經驗歷程，也是設定未來發展與成長目標的過程。個人無論在日常生活或工作中，常運用過去的經驗以適應或改善當前的行為，此種導致行為改變的歷程，即稱之為學習。因此，學習不僅是一種不斷刺激與反應的結果，而且也是一種透過認知而領悟事務的歷程。就人際關係而言，當個人與他人交往時，有過某種愉快的經驗，則他會繼續保持與他人的交往；或在遭遇到相同的情況下，選擇同樣的交往。相對地，若個人在與他人交往時，有過不愉快的經驗，則他將會斷絕或排斥繼續交往；甚或轉化為相同情況下的拒絕交往。因此，學習歷程乃為人際交往的基礎之一。

總之，構成個體行為的所有要素，都會影響人際關係的建立與維持，因為這些要素都是個體行為的基礎。易言之，人際關係的建立乃係築基於個體行為的基礎上。一般而言，凡是個人具有正面的價值觀、良好的態度、強烈的動機、良好的知覺、外向的性格與愉快的交往經驗；則個人比較願意與他人交往，並建立良好的人際關係；相反地，個人若擁有的是負面價值、不良的人際態度、微弱的動機、不好的知覺、內向的性格與不愉快的交往經驗，通常較不願意與人交往，從而很難建立良好的人際關係。當然，這些因素對人際關係的影響，並不是完全一致的，且常隨著時空的變化而變化。下一節即將探討個體身心發展與人際關係的

關聯性。

第二節　身心發展與社會適應

　　就個體而言，個體在生命過程中常有不同的身心發展階段，而這些階段也擁有不同的社會適應能力，從而影響到個體的人際關係。蓋個體在身心發展的不同階段中，往往會表現不同的行為特質，這些不同的特質乃造就了不同的人際關係。有關身心發展的階段，心理學家有許多不同的劃分方法和看法，本節僅論列艾力克遜（Erik H. Erikson）的「心理發展論」（psychology theory of development）。他將人生發展分為八個階段，其行為特徵如下：

嬰兒期

　　嬰兒期大約為出生到三歲之間，其最主要特徵是腦部的發育極為迅速，它包括了情感和心理社會的反應。嬰兒時期所攝取的營養之品質，往往是決定腦部發育是否健全的關鍵性因素。該時期的社會交互作用，是基本信任感（basic trust）和基本不信任感（basic mistrust）。

　　嬰兒最早的認同感，乃為來自於母親和其主要照顧者的餵食；亦即嬰兒和現實世界的接觸，是來自於母親對他需要的照顧，從母親不斷地餵食和擁抱當中，產生了嬰兒對自己和所處世界的基本態度。若母親表現出的是愛、意志、可靠，並對嬰兒的啼哭有很快的反應，則嬰兒將發展出「基本信任感」。此種基本信任感，不但影響其對外在世界的認知，且能產生對自己的信心。

　　相反地，當嬰兒的需要被拒絕時，他就會產生害怕、懷疑，

這就是所謂的「基本不信任感」。一個具有基本不信任感的人，與別人相處會不和，退縮不前，容易自我封閉，忽視友誼。當然，此種基本信任感或不信任感，也可能隨著日後的成長而改變。譬如，一個具有基本信任感的嬰兒，在日後的生活中，若常遇到挫折而無法解決的情境，也可能產生不信任感；一個具有基本不信任感的嬰兒，在日後常處於順境的情況下，也可能發展出基本信任感來。

幼兒前期

該時期約爲三歲到五歲之間，理想的行爲特徵是自主性。自主性乃是具有活力和堅持性。幼兒在此階段會堅持由自己來做大部分的事，直到能自主地掌握狀況。他們能準確地控制肌肉，能爬、能走、能推、能拉、能握、能放、能開、能關，且以這些成就爲傲。如果父母能讓孩子用自己的方式，在其能力範圍內做事，則幼兒會自覺自己能控制自己與環境，這種感覺即爲「自主性」。

相反地，父母若對孩子沒有耐心，並幫他做其能力所能做的事，此時孩子就產生了羞恥心；若羞恥心超過了信任度，就開始產生了懷疑；再加上父母的批評、責罵和阻止，將形成他極不愉快的經驗。幼兒爲避免此種不愉快，可能躲避各種新活動的學習，以致對自己愈缺乏自信，久而久之將變成一個乖順、不闖禍，但卻是依賴性強、害羞而缺乏自主性的孩子。凡是能克服這些心理危機，而自由選擇、自由決定、自我限制所呈現出來的，就是受過訓練的自我意識，它是意志（will）的來源。

幼兒後期

該階段約爲五歲到六歲之間，或稱之爲遊戲期，其理想的行

為特徵是主動創造性（initiative），亦即為自動性。此時的幼兒會把注意力集中在對外界環境的摸索上，做出各種動作，不僅會反映他人的刺激，也會模仿他人的舉止；且會幻想，自言自語。當幼兒有了自我控制能力和自信心時，他會採取各種行為並觀察其結果，且會好奇地問許多問題，喜歡拆東西，探索周遭的環境，並運用物品玩遊戲。

此時，父母對幼兒自動性的行為，有很大的影響。如果父母讓幼兒有充分的自由，則幼兒的自動性就會增強；亦即父母能耐心去回答幼兒的問題，且不嘲笑幼兒遊戲時的幻想，則幼兒的自動感會增強。相反地，如果父母經常限制幼兒的行動，認為幼兒的行為是不好的，他的問題很討厭，他的遊戲很愚蠢，則幼兒對自己的行為會產生罪疚感。

該階段幼兒的主要活動是遊戲，除了身體四肢的發育之外，尚有心理遊戲。他會扮演大人的角色，在遊戲中探索大人的世界，遊戲是幼兒自身與現實世界的中介，為幼兒內心世界與外界的連結。因此，想像的遊戲對幼兒的未來發展是相當重要的。這將形成未來的責任感與目標取向。

兒童期

該階段約為六歲到十二歲之間，其理想的行為特徵是勤勉。當兒童能控制他豐富的想像力，以接受正式教育時，他就會發展出勤勉感。如果他每做一件事，就能得到獎勵與嘉勉，就能提升勤勉感，並將之由遊戲轉移到工作或課業上。此時，他不僅受到家庭的影響，更受到學校的影響，尤其是學校的經驗對他的影響最大。

所謂勤勉指的是對新技能的學習與從事有意義工作的渴望，但若兒童在家庭或學校中，經常受到挫折，感受到不斷失敗的經

驗，就可能導致自卑感的產生。此種自卑感的產生，乃是透過社會比較的過程而顯現的。兒童在社會比較過程中，常會評價自己，以致有了自我意識感、競爭感和自我懷疑感。在遭逢挫敗時，兒童將認為自己的能力無法勝任工作，難於投入社會團體之中，而喪失了克服環境的動機，終而產生了怠惰。

青少年期

　　該階段大約為十二歲到二十歲之間，其最主要的特色乃為身體快速地成長，個人外表的改變極為迅速，尤其是第二性徵的出現以及生殖力的成熟，使得青少年既覺得得意、欣慰，又感到困惑、害羞。此階段的理想行為特徵是自我認同（ego identity）。此時，青少年會建立起自我感，雖然他的身心不斷在變化，但基本上特別需要被尊重，需要有發揮自我的機會。由於他不穩定的情緒和不完全理性的態度，使他在日常生活中常遭受挫折；但為求證明自己是個獨特的人，卻又沒有足夠的能力去建立自信，此時會尋求同儕的支持，以解決上述衝突所帶來的焦慮與不安。

　　然而，當青少年在尋求自我認同的過程中，常遭遇到同儕團體與家庭或社會角色的衝突，以致有了「認同危機」（identity crisis）與「角色混淆」（role confusion）的現象。尤其是青少年有過不幸的童年，困苦的生活環境，他不但得不到自我的認同感，更容易產生角色混淆。他為了反抗指導他的父母或師長，常表現「負性認同」（negative identity），引發很多社會性的病態，如偏見、犯罪、歧視等。此時，他會感到孤獨、空虛、焦慮、無法決斷，並更加退卻。青少年若有機會發展個人認同，則可克服認同危機的經歷，幫助他認識到忠誠（fidelity）的可貴。

成年期

　　該階段大約始於二十歲到三十五歲之間，其行為特徵已能體會到親密與孤獨的兩種關係。對大多數人來說，該階段的生理狀況正處於巔峰期。他能決定親密關係，結婚並建立家庭，關心別人，與別人共享，並把親密感寄託在原生家庭或親近朋友身上。此時期的親密感，不僅包括性慾，且也包括朋友之間的關係；他願意和別人認同，尋找友誼、合作的機會，建立互信互愛的關係；且在職業選擇、人生規劃方面能確定自己的方向，因而擁有良師益友，與共享親密情感的伴侶。

　　不過，如果一個人不能與朋友、配偶建立親密關係，那孤獨感就產生了。他覺得無人關心他，無與共享甘苦的人，於是會深感寂寞，從而自我耽溺。在職業選擇和人生規劃方面，就會失去方向，徬徨遲疑而無助，而常思變換軌道而行。此時，適宜的學習應在追尋及履行社會承諾的過程中，找出人生的意義，從而奮發圖強，參與他所處的社會團體。是故，該階段的特徵應是親愛的。

中年期

　　該階段約在三十五歲到六十五歲之間，其所表現的行為特徵是無私、傳承。此時，他已建立了自己的事業，除了關心他的家庭外，還關心下一代，關心社會的本質以及關心他所處的世界。他具有創造力（creativity）和生產性（productiveness），想為未來的一代建立更好的環境。雖然體力、活力和記憶力已逐漸衰退，但個人智慧與解決問題的能力，卻日益增高。大約在四十五歲左右，可說是「中年危機期」，對人生意義、自我概念、生活模式等，會作自我反省，重新調整。

然而，隨著體力等的衰退，有些適應不良者則感到生活枯燥乏味，無法面對年輕人的競爭而有了無力感，終而無法利用能力來滿足自己的需要和達成自我的目標，以致在行為上呈現停滯（stagnation）的狀態。一個有能力適應社會生活的中年人，懂得為老年生活作規劃，在財務、生活安排和情誼方面預作準備，並維持對人生和生活的滿意度，以迎接老年期的到來。此時發展出來的德行是關心，而其危機則為停滯不前與怨悔。

老年期

　　老年期約為六十五歲到死亡，其行為特徵表現的是統整。該階段的老人認為人生的主要工作都差不多完成了，他會回憶過去的歲月，若覺得滿意時，就有統整的感覺。雖然他的記憶與反應有些衰退，且收入減少；但良好適應的老人會尋求補償之道，適當地安排生活，找尋自己生命的意義，勇敢地面對接近的死亡。在情感方面，可能因逐漸失去親友、配偶而感傷，但也能從兒孫輩的成長與成就中得到喜悅。

　　相反地，不能作調適的老人可能會顯現出絕望。一個人若覺得過去只是一連串的不幸和失敗，那他會感到人生的無意義。事實上，人生的各個階段都難免有挫敗，只要能主動學習，尋求適當方法應付，都可扭轉劣勢。因此，老年期所顯現的美德是智慧，只有關心生活、勇敢的面對死亡，那才是真正的智慧。

　　總之，個體身心發展的歷程，將影響人際關係的建立與發展過程，且能決定人際關係的好壞。一般而言，具有良好社會適應的行為特質，較易建立與維持較佳的人際關係，且能形成長久的關係；相對的，具有不良社會適應的行為特質，較難與人建立或維持關係，且可能產生不良的人際關係，其如表2-1所示。當然，由於個人在身心發展上的差異，以致在行為上常顯現出若干程度

表2-1　身心發展與適應行為的人際關係

身心發展階段	良好關係的社會適應	不良關係的社會適應
嬰兒期	信任	不信任
幼兒前期	自主性	羞恥懷疑
幼兒後期	自動性	罪疚感
兒童期	勤勉	自卑
青少年期	認同	角色混淆
成年期	親密	孤獨
中年期	傳承無私	停滯
老年期	統整	絕望

上的差異；且個人並非在各個身心發展階段上，都表現相同的良好或不良的社會適應能力，其間的關係是相當複雜的，可能隨著時空的不同而有所差異。本節所探討的只是一般性的概念，在實質上可能存在著不同的社會適應情況，這是吾人必須確切注意的。

第三節　人際間的自我表現

　　人際關係的建立與維持，除了受到個體行為基礎的影響之外，也受到個體身心發展過程的影響。此時，個體人際關係的好壞，也多少受到自我表現的影響。所謂自我表現，乃是個體在人際相處之間如何表現自我而言。此種自我表現最主要包括有：自我概念、自我形象、自我知覺、自我肯定等，本節將逐一說明如下。

自我概念

　　所謂自我概念（self-concept），是指個人對自己的概括性看法，亦即個人認為「自己是怎樣的人」的一種想法。此種自我概念，固然是自我在成長過程中而形成的，但與他在成長環境中所表現的角色也有密切的關係。角色（role）是個人用以表現符合特定情境所要求的行為模式，透過此種角色的運作，個人乃能認清自我。在社會學上，角色乃涉及兩項要件：一為自我的需求，一為他人的期望。此兩者相互協調的結果，乃形成了一個人所應扮演的角色。易言之，個人角色的扮演，乃受到人際關係、文化期待、團體成員互動和自己所作決定的相互影響。

　　文化期待對角色的影響，是顯而易見的。在某種文化環境裡，個人的行為必須遵守該社會的風俗習慣、宗教信仰等文化規範的約束。再者，團體規範與期待也影響個人的角色，個人所處的家庭、職業團體、運動團隊等，都期待個人表現符合其角色的行為。例如，家庭中的長子必須負擔維持家庭紀律、照顧弟妹等責任，扮演作為長子的角色；當然這仍得視家庭關係而定。凡此對自我概念的形成，都深具影響力。

　　此外，有些角色是自我期待的產物。個人常作自我要求，期許自己做個有責任的人，如盡職的教師或認真的學生，以求能符合自己所期望的角色。這也有助於自我概念的形成。不管自我概念是如何形成的，它終將影響人際關係的好壞。且個人常扮演多種角色，在不同情境下的角色，其期望也不相同，以致形成各種特殊的自我概念。易言之，自我概念常隨著角色的轉換而變化；當情境改變時，個人多多少少都會變成不同的人，並形成不同的人際關係。

自我形象

　　自我形象（self-image），是指個人對自我概念加以延伸，由自我加以評估而表現出來的行為；事實上，此種行為常受個人經驗和他人反應的影響。個人對自我的形象，常由他人的反應中知覺而來。他人對個人行為的評價與看法，包括讚許或批評，就像一面鏡子一樣，反應了個人的行為。人們對自己行為和角色的認定與評估，就像個人借助於鏡子來檢查自己的衣著一樣，每個人都透過他人的評估，來瞭解自己的行為或角色是否適當。因此，個人的自我形象即為透過他人的讚美或批評，而由自我作調整而形成的。是故，自我形象是否合宜，即取決於個人是否能清楚自己的地位或角色，以及是否能從鏡子中看清楚自己，並作適當的反應而定。

　　在人際交往的過程中，自我形象的建立與維護是相當重要的。個人合宜的自我形象，有助於良好人際關係的建立與維持；若個人形象不佳，則很難建立與他人的良好關係。因此，個人的自我形象是人際間能否維持良好關係的基礎之一。至於，個人究應如何維護自我的良好形象，以求能建立良好的人際關係呢？首先，個人必須針對外來對自我的評論作立即的及時修正；其次，據此而確認、強化或改變自己的知覺，如此才能建立起自己的良好形象。一般而言，自我形象的正確性，有賴知覺的是否準確和個人處理知覺的方式是否允當。每個人都會受到讚美或責備，若只注意單方面的評價，則個人的自我形象必然會發生扭曲的現象。是故，自我知覺能力的建立是相當重要的。

自我知覺

　　所謂自我知覺（self-perception），是指個人對自我形象的評

定與看法。這也受到自我意識和外界刺激的影響。自我意識會影響個人的人際表現；當個人認為與陌生人見面，可結交更多的朋友，則他必然會努力維持正面的自我形象，結果可能真正結交了新朋友，此即稱為自我實現預言（self-fulfilling prophecy）。相反地，個人若沒有結交朋友的意願，則他必然不會作這樣的安排。是故，自我意識乃決定了個人的人際關係。

再者，自我意識和自尊的關係極為密切，它必然影響自我知覺。自尊是個人對自己正面或負面的評價，是自我概念中的評價層面，會影響人際相處的方式，以及個人對自我和他人的知覺。一般而言，凡是自尊愈強的人，愈會覺得別人是可愛的；亦即接納自己的人較易接納別人。相對地，自尊愈弱的人，較會挑剔別人的毛病。又高度自尊的人改變自我知覺的機會較小，因為他的真實經驗和自我知覺差異不大；相反地，低度自尊的人改變自我知覺的可能性較大，因為他的自我形象較需要重新訓練。

此外，文化會影響個人的自我觀點，如西方文化的自我觀點，認為個人是自主性的個體，具有不同的能力、特質、動機和價值觀，崇尚獨立自主，並表現與他人不同的獨特性；而東方文化較少自主性，強調團體精神與相互依存性。此種差異對人際關係的影響，乃是依賴性的自我比獨立性的自我較在意別人的觀感，對別人的評論較為敏感；而獨立性的自我比依賴性的自我較傾向於個人特性的表現。凡此都會形成對人際關係態度的差異。

自我肯定

自我肯定（self-affirmation），是指一個人能適度地表達自己、接納自我、滿足自我的需求，並能不損害到他人的需要與權益。它是一種能力，也是一種特質，更是一種心理傾向。通常，自我肯定與自信是一貫的，凡是愈有自信的人，愈能自我肯定；

而愈是能自我肯定的人，也愈爲自信。自信與自我肯定是相因相成、相互循環的。在人際相處的過程中，愈能自我肯定或愈具自信心的個人，其與人成功相處的機會愈高；而能成功與人相處的人，也愈能自我肯定或更具自信。相反地，愈不能自我肯定或較不具自信的人，其與人成功相處的機會愈低；而不能成功與人相處的個人，也會越不能自我肯定，甚而更缺乏自信。此不僅在人際關係上如此，在其他事物的表現上亦然。

在人際互動關係中，個人必須能適切地表現自我，瞭解自己的個人特質，以促進自我的心理成長，拓展人際關係。一位能自我肯定的人，必是一位具有健全自我概念的人，則他在人際相處過程中就不會輕易抱怨；且不易因他人的批評而受到傷害。亦即具有自我肯定能力的人，能擁有積極的人生態度，而不會採取消極性的作爲。例如，他不會因怕他人取笑而遲疑不決，又能適時的拒絕他人不理性的行爲；他能適切地勇於指正他人不當的言行，也能適當地表達對他人的欣賞；他能開放且率眞地表達自我，也能適切而自然地與他人相處。凡此都是自我肯定者的特質與能力。

總之，個人要想擁有健全的自我概念，就必須嘗試從不同的觀點去接納他人，並接納自我的感受與優缺點，隨時作自我省察，並尊重自己和他人。此外，個人必須學習自制，爲自己設立清晰的人生目標，面對現實，勇於接受環境的挑戰，對所處的環境採取彈性的因應互動方式，培養挫折忍受力，則可健全自我的人格發展，從而拓展良好而和諧的人際關係。

第四節　人際目標與自我表露

　　個人之所以要建立與維持和他人的關係，最主要的目標就是希望獲得他人的關懷與支援，惟這有賴個人是否能作合宜的自我表露而定。所謂自我表露（self-disclosure），就是個人能將有關自己的訊息告訴他人，以求能與他人更接近，並獲得他人的注意，避免被拒絕，而能爲他人所接納，從而能達成人際目標。易言之，人們常藉著自我表露來完成人際交往的目標。通常個人是否願意作自我表露，乃取決於下列因素：熟識度、可信賴度、傷害忍受度、個性、文化差異、相互作用程度、談話時機、性別差異等。

　　一般而言，兩人之間較爲熟識者比較不熟識者更願意作較多的自我表露；惟這仍得取決於人際間的可信賴度和傷害忍受度而定。凡是兩人之間較爲熟識，且認爲是可信賴的，或在作自我表露而不會受到傷害時，則個人自然較願意作更多的自我表露；否則，即使兩人之間甚爲熟稔，而認爲是不可信賴或會相互傷害的，則個人較不願多作自我表露。例如，夫婦之間常作自我表露，但隨著表露次數與年紀和婚姻長久而呈遞減之勢，此乃因彼此過度熟識反而失去吸引力，甚而感受到不信任或受到傷害之故。然而，配偶之間若能相互信賴，則隨著表露次數與年齡和婚姻的增長，則自然願意作更多的自我表露。

　　再者，個人的個性也會影響自我表露，而左右人際關係的好壞。凡是外向或自我開放型的人，較願意作更多的自我表露；而內向或自我封閉型的人，較不願意作太多的自我表露；當然，這仍得視其他情況而定。至於，具有穩定性性格與自我操控能力（self-monitering capability）的個人，在不同社會情境下常會審

視自己的情緒與行為程度，而作適當的自我表露。高度自我操控能力與穩定性性格的個人，較會調整他們的回應以求符合社會標準，且能作出相同程度的自我表露；而低度自我操控能力與缺乏穩定性性格的個人，則否。

此外，種族文化差異也會影響自我表露。一般而言，美國人比亞洲人常作更多的自我表露。例如，日本人不用顯著的方式來表達個人的特性和身分，美國人則否。不過，高度的自我表露比低度或中度的自我表露較不具吸引力和溝通能力。因為高度自我表露常顯現出焦慮，而引發相對的疑慮。然而，此亦牽涉到誠實的因素。誠實的自我表露，會提供精確地反映個人思想與感覺的訊息；但卻不一定會帶來正面的價值。例如，過度表達自我成就的表露，即會帶來對個人印象的不利影響。

在談話時機上，個人一開始就作太多的自我表露，常會被認為是較不成熟、虛偽、失調和無安全感等特性。但在經過一番交談之後，始作自我表露，則被認為是值得信賴的，此對增進個人與他人的關係具有正面的影響。然而，在個人行為需承擔責任時，若個人首先承認錯誤，往往會得到正面的評價。但在其他情況下，晚一點作自我表露較具社會吸引力，亦即使人對自我表露者產生較具正面的印象。

最後，自我表露必須注意相互作用的規範（norm of reciprocity），因為此種規範會提供談話對象的合理回應。當個人能接受他人高度的自我表露，他必然能作合宜的回應；相反地，個人對他人的自我表露未作相似的回應時，則在二者之間必會形成不平行的關係，此將造成溝通關係的緊張，而降低相互間的自我表露。有許多研究指出：相互作用的規範強烈地影響自我表露的行為。不論人們如何計畫去表露自我，自我表露的相互作用都會強烈地預知雙方的表白程度；亦即親近的自我揭露會引導另一

個自我表露，而在高度自我表露中，個人投入的情緒表達比低度自我表露者爲多。

　　總之，自我表露的深度與廣度，深深地與人際交互作用、溝通內容及人際關係親密度等相互影響。同時，自我表露與個人身心健康、個人性格等因素相關。個人在成長過程與人際互動中，必須學習適宜的自我表露，用以適當地表達自我知覺、態度和行爲，從而建立起良好的自我形象，如此才能達成人際目標，巧妙地增進人際關係，獲得應有的關懷與支持。

第五節　體認個別差異的存在

　　在人際關係過程中，每個人都是一個獨立的個體，他的心性與行爲都會影響其人際關係的運行。因此，個人若想建立或維持良好的人際關係，除了需注意自我部分之外，當需瞭解他人，亦即要能體驗個別差異的存在。所謂「人心不同，各如其面」，每個人的心性不同，其行爲與需求自有差異，瞭解了他人的需求，才能順應他人的期望，並採取合宜的行動。是故，瞭解並體認個別差異的存在，才有可能建立起合宜的人際關係。

　　由於個別差異的存在，每個人在人際關係表現上自有不同。例如，有些人內向，有些人外向；有些人穩重，有些人輕浮；有些人理性，有些人感性；凡此都會影響人際關係的建構。此外，個人的自我特質如個性、習慣、態度、興趣、動機、情緒、認知、價值觀和身心狀況等，和環境的特性如所處空間、場合、時機、物質條件、他人意見、人際互動和各種外在資訊等，都會影響人際關係的建構。這些因素的相互影響，不但會影響個人行爲，而且會改變個人的某些特質，從而左右人際關係的建立與維

持。

　　個體行為的差異基於前述各項因素的交互影響，以致有了不同的動機、情緒狀態、思考與認知模式、忍受挫折能力、經驗等，而產生不同的人際行為。每個人在不同的人際環境中，自有不同的人際反應。依此，人際間的交往，乃係個體與個體在環境中交互作用的結果。就基本而言，人際關係乃係為了滿足個人的基本需求。人際關係是否建立、維持或改變，全依雙方當事人的人際需求程度是否一致而定。

　　就個別需求與人際關係而言，人類具有三種基本人際需求或可稱之為社會需求，即情愛（affection）、包容（inclusion）與控制（control）。此三種人際需求常因人而異。就情愛需求而言，情愛反映出一個人表達和接受愛的慾望，基正面行為特徵是喜愛、親密、友善、熱心、同情、照顧等，其負面特徵是憎恨、厭惡、冷淡、不屑、敵意、疏忽等。凡是採正面情愛需求或情愛需求較強的人，即屬於「過度人情化」（over personal）的人，則他必然想建立和維持良好的人際關係；而情愛需求適中或正負情愛需求不明顯的人，是屬於「適度人情化」（personal）的個人，他只求能建立與維持適度的人際關係；至於缺乏情愛需求或持負面情愛需求的人，則屬於「低度人情化」（under personal）的個人，那他必然不太重視人際關係的好壞。

　　再者，所謂包容需求，就是個人希望為團體成員所接納，而產生歸屬感，且為他人所認同的需求。此種需求的正面反應是希望與人交往、溝通、融合、歸屬、參與，而負面反應則為孤立、退縮、疏離、排拒、忽視等。凡是包容需求愈強的人，其歸屬感和認同需求愈強，則他必屬於「過度社交」（over social）的個人；而包容需求中度者，其歸屬需求則屬於「中度社交」（social）的個人；至於包容需求愈弱的人，其歸屬或和認同感較弱，為

「低度社交」（under social）的個人。顯然地，各人的包容需求不同，其人際關係的態度也必有差異。包容需求愈強，歸屬感和認同感也愈強，則個人對人際關係的建立與維持也愈積極；相反地，包容需求愈弱的人，缺乏追求社會性需求和動機，那麼他必不會重視人際關係。

人際需求中的另一項需求，即為控制需求。所謂控制需求，是指一個人希望成功地影響周遭的人、事、物之慾望。其正面行為反應是運用權力、權威、喜歡超越、影響、控制、支配、領導他人，而負面行為特徵是抗拒權威、忽視規則、不守秩序、寧可受人支配、追隨他人等是。一個具有強烈控制需求的人，必積極地參與人際活動；而控制需求適中的人，會想建立與維繫良好而和諧的人際關係；一個控制需求較弱的人，可能規避或拒絕參與人際活動，不重視人際關係的培養與發展。

總之，每個人的人際需求不同，他的人際關係態度自有差異，且人際關係可能隨著時空的差異而轉換。即使是同一個人，有時其人際關係需求極為密切，有時則甚為疏離。有些人一直很重視人際關係，有些人則否。因此，吾人要想建立美好的人際關係，尚需體認這些個別差異的存在，以免招致不必要的挫折。

第**3**章

....

人際的互動層面

人際關係的建立與維持，固取決於個人是否有與他人交往的意願，然亦決定於人際互動的過程。蓋個人即使有與他人交往的意願，但互動過程不佳，亦難以建立起良好的人際關係。同樣地，個人若缺乏與他人交往的願望，必不會有互動的行為產生，則人際關係必也無法存在。因此，吾人要研究人際關係，除了必須探討個人的自我層面外，尚需注意其互動層面。本章首先將討論人際互動的意涵、基礎、雙方互動過程、團體互動，兼論家庭對個人人際關係的影響。

第一節　人際互動的意涵

所謂人際互動（interpersonal interaction），是指人與人在一定的環境中相互交往的過程而言。當個人處於社會之中，必然要與他人接觸，此時即發生了互動。互動又可稱為交互行為，在人際相處時，個人會將他的思想、意念和所想做的事等訊息傳遞給他人，而他人也會做同樣的動作，這就是互動。在社會中，若人與人之間缺乏互動，則人際關係將無從產生。易言之，互動是一種人際間心靈交感作用或行為的相互影響。一個人自從參與社會，就必然會形成人際互動關係，使自我和社會結合為一體。是故，互動是個人社會化的基本過程。

當然，互動包含各種身體動作、表情等的交流，它不僅限於語言溝通，且互動不一定全是正面的，有時也可能是負面的。此外，有些互動可能引發同樣的動作或反應，有些則否。例如，某人可能告訴對方想做什麼事，但對方卻可能不作反應，甚或逆向而行，此即為負面的互動。它往往是人際衝突的來源。

然則，人際互動是如何形成的？決定人際互動的基礎何在？人際互動之所以形成，最主要乃取決於個人在社會中的地位、角色、勢力等三者的運作而定。換言之，人際互動常是個人地位、角色、勢力相互影響的結果，而此三者的運作也深深地受人際互動結果的影響。茲分述如下：

地位

　　所謂地位（status），是指一個人在社會體系中的層級，此種層級即代表一個人的社會階級和相當位置，依據個人的許多因素，如年齡、體力、身高、智慧、職業、收入、身世、家庭背景以及人格特質等而組成的。這些因素的增減，乃決定了個人無數的地位特質表。這些個人的地位特質表，正足以顯現出個人在社會群體中的地位。易言之，一個人的地位就是個人的條件；此在人際交往過程中，即表示個人可用的權力、特權、責任與義務等，而限定了個人與他人交往的範圍。

角色

　　所謂角色（role），是指一個人據有某種地位或位置而加以扮演而言。角色乃表示個人在人際互動關係中擔任某種任務而言，亦即為一個人在某種社會地位上的種種活動，此種活動涉及兩大要素，一為個人所處的地位或自我的期望，另一為他人對他的期望。任何角色的運作除了牽涉到自我的願望之外，尚需考慮他人的期望。顯然地，在人際互動過程中，個人對自我角色的認知和他人的期望，影響其角色的運作，終而決定了個人人際關係的本質。一般而言，個人的地位僅代表個人的適當位置，而角色與人際互動的關係更形密切；亦即角色運作的多寡，往往決定了人際交往的頻繁程度。是故，角色的運作常是人際互動的關鍵性變

數。

勢力

　　當個人據有某種社會地位，並扮演其角色時，則個人就擁有對他人的影響力（influence），此即稱為勢力（force）。惟勢力和影響力仍有若干差異，勢力多少存在著強迫的力量，而影響力則為自然產生的力量。再將勢力和權力比較，則勢力比權力少了一些強迫的力量，而權力又比勢力多了一些壓迫力；且權力大多來自於正式職位上，而勢力則大多始自於非正式的影響力量。在人際互動過程中，凡是個人擁有一定地位，而扮演更多、更重要的角色運作，則他的勢力或影響力必更大，此時人際互動的機會愈多而頻繁；否則，互動必少而影響力也愈小。

　　總之，人際互動是人與人之間的相互交往關係，由彼此的地位、角色、勢力等交互作用而形成。當然，人際互動也取決於個人的行為基礎，如動機、學習經驗、知覺、態度和人格等；同時也受到所處環境，包括社會環境和物理環境等的影響。前者已於前一章有過詳細的討論，後者將於下一章接續研討之。不過，就交互行為本身而言，人際互動的過程、模式、互動領域等，都會形成人際交往的結果。以下各節仍將繼續討論之。

第二節　人際互動過程的基礎

　　人際關係的好壞，常取決於多重因素的交互作用之結果，而人際互動過程即為其中之一。然而，整個人際互動的過程為何？一般而言，人際交往或互動係始自於相互的接觸，但相互接觸無法決定是否交往或互動，它乃建立在互動的心理基礎上。就人際

互動的過程而言，此可分為四個階段：(1)人際知覺；(2)人際吸引；(3)人際溝通；(4)人際親疏。

人際知覺

人際互動的第一個階段乃決定於人際知覺。所謂人際知覺（interpersonal perception），係指個人對他人的看法，與他人對自己的看法。人際知覺可說是人際影響與人際交互行為的基礎。人際知覺，可能影響日後的交往程度。若人際知覺良好，可使個人間的交往密切；反之，將使個人間的交互行為減弱。

通常人際知覺以第一印象為基礎。在兩個陌生人初次晤面時，對方的表情與情緒表達的特徵，對於彼此的第一印象影響頗大，而首次見面時所形成的印象又是日後交往時反應的依據。一般而言，先出現的線索或資料對總印象的形成具有較大的決定力。因此，若欲在他人心目中留下較好的印象，應在慎始方面下工夫。

當然，由於個人的人格特質或所處狀況不同，以致對任何事物往往有不同的解釋或知覺。然而，有效的人際互動不但有賴於個人對他人的準確知覺，而且要依靠個人對各種角色的準確知覺。此種知覺準確性往往影響人際交往。當然，知覺準確與否和人際交往是否持續，並不一定存在著正性相關；但它對人性善惡的判斷則有相當的助益。在人際相處的過程中，讓對方有好的知覺是相當重要的，此不僅有助於自我形象的整飾，更能促進雙方的友好關係，亦即形成相互的吸引力。

人際吸引

在個人之間有了良好的知覺後，彼此才有可能形成相互的吸引力。這就是所謂的人際吸引（interpersonal attraction）。人際

吸引的理論基礎，主要爲同質性（homogeneity）與異質性（hetrogeneity）。所謂同質性，是指個人之間具有相同一致的特質，而相互吸引之謂；至於異質性，是指個人之間雖具有不同的特質，但基於相互預補的作用，而仍然會相互吸引。

至於決定人際吸引的因素，則有：交往的機會、身分地位、背景相似、態度相同、人格特性、成就、外表、才幹等是。茲分述如下：

■ 交往的機會

很明顯的，交往機會乃是人際吸引與團體形成的最重要基礎。彼此沒有任何交往，是不可能相互吸引的。同時，提供交往機會的環境因素，也影響到人際吸引與團體的形成。在其他條件相同的情況下，住得較近或工作較近的人，交互作用的機會較多，關係也較密切；而距離較遠的人，交往的機會較少，關係也較疏遠。易言之，物理距離、交互作用與吸引力間呈正的鏈鎖關係。此外，建築上的安排也會透過交互作用的機會，而影響到人際吸引。如住家或辦公室門口相向能促進人員間的交互作用與吸引力；相背則減少交互作用，造成物理或心理的隔閡。

■ 身分地位

一旦個人有了交互作用的機會，身分地位常是決定某人吸引他人的主要因素。一般身分地位的吸引力有兩種傾向：一是身分地位相似的人會相互吸引，一是如果有機會的話，個人喜歡和身分地位高的人交往。前者乃是相互認同的關係；後者則爲身分地位低的人希求向身分地位高的人認同，以求提高自己的地位，但相互吸引的程度較少。

■ 背景相似

　　一般而言，背景相似的人會相互吸引，此乃是基於「物以類聚」的道理。根據研究顯示：年齡、性別、宗教、教育程度、種族、國籍、以及社經地位等人口統計特性相似性，與吸引力間具有相當的關係。不過，吸引力卻不完全受相似性所影響，也不一定必然受相似性所影響。決定人際吸引力的個人因素，可能隨著情境而變化。例如，個人在工作時，可能為工作年資相似的人所吸引；但在工作外，則受宗教信仰相同的人所吸引。

■ 態度相同

　　凡態度相同的人，比較容易相互吸引。個人的經驗，以及別人對個人的經驗，是個人態度的主要來源。背景相似的人，經驗相似和接觸的可能性較大；而背景不相似的人，可能性較少。因此，背景相似可能意味著態度也相似，彼此間也比較具有相互吸引力。此種態度相似可能越過其他社經因素的差異，而相互吸引。其原因乃為個人認為支持自己的態度，就是一種最大的增強，尤其是當個人態度具有價值顯示，或自我防衛功能的本質時，更是如此。

■ 人格特性

　　人格特性之所以形成人際間吸引力的因素，主要來自兩方面：一為人格的相似性，一為人格的互補性。根據研究顯示：人格的共容性（compatibility）是決定人際關係強度與持久性的重要因素。共容性可能來自相似的人格，例如，兩個獨斷性高的人之間具有吸引力。此外，人際吸引也可能來自補償性格（complementary personality），例如，支配性高與服從性高的個人之間的相互吸引。此即受到對方人格能肯定個人自我概念的作用所吸引，這就是人格因素的作用。基此，一個有受人支配需求

的人,會被支配性高的人所吸引。

■ 成就

成就是單方面吸引的基礎,一個比較有成就的人會吸引他人。成功的團體比成就不大的團體,容易吸引新成員,更能留住舊成員。此外,人們喜歡和有成就的人交往,而不喜歡和沒成就的人交往。其他,如外表、才幹、熟悉與相悅都能構成人際吸引力的根源。

總之,人際吸引的基礎,大都可用簡單的增強論或期望論來解釋。身分與成就之所以具有吸引力,乃是身分高、有成就的人,能提供金錢或社會性酬賞。至於態度與背景相似的人之所以相互吸引,乃是因為這些相似性可以增強個人現存的態度與價值觀。當然,這些條件都必須建立在有相互交往的機會上,否則人際吸引必不存在。基於人際吸引,人際溝通才能進行,卒而完成人際影響力。

人際溝通

當個人之間有了人際吸引力之後,才可能進行人際溝通。所謂人際溝通,就是一個人把意思傳遞給另一個人。在溝通程序中有一位傳達者和一位收受者;傳達者作成一項訊息,傳遞給收受者。收受者在收到訊息後,將訊息加以譯解,再依傳達者所期望的方式行動。由此可知,有效的人際溝通有賴於訊息和瞭解並重。只有收受者能真正的瞭解與接受,溝通才是有效的。有效的人際溝通含有四大步驟:即注意(attention)、瞭解(understanding)、接受(acceptance)與行動(action)。

■ 注意

注意是指收受者能真正聽取溝通的訊息。要做到「注意」,首

先要克服「訊息競爭」（message competition）。所謂訊息競爭，
是訊息過多使收受者分心的現象。在溝通時，如果訊息得不到收
受者的注意，則溝通程序必無法進行。

■ 瞭解

瞭解是指收受者能掌握訊息中的要義而言。在眞正溝通時，
往往因收受者沒有眞正瞭解訊息，而形成誤解，使溝通受到了阻
礙，因此，最好的辦法，乃在溝通過程中，收受者能隨時複誦對
方的言詞，以免形成溝通障礙。

■ 接受

接受是指收受者願意遵循訊息的要求而言。在溝通的此一階
段中，傳達者常需將他們的概念向對方「推銷」。

■ 行動

行動是指溝通事項的執行。有時溝通會使收受者按傳達者的
意旨作反應，有時則否。前者乃是溝通良好而有效之故，後者可
能做出錯誤的反應；實乃因溝通障礙之故。

當然，溝通是否有效常牽涉到許多因素，尤其是個人知覺不
同所可能形成的知覺障礙、語言障礙、地位障礙、地理障礙，甚
至對環境的抗拒等，都會影響人際溝通。這是研究人際溝通者所
應注意的。惟有效的溝通能促進人際間的更進一步交往。因此，
人際知覺、人際吸引與人際溝通是相輔相成的。人際影響歷程，
就是在這三種過程中相互作用而完成的。

人際親疏

當個人之間有了相互的吸引力，且能作良好的溝通，則人際
間必能相互親近；否則，必相互疏遠。所謂人際親近

（interpersonal intimacy），是指在人際交往過程中，彼此之間能產生親切感、舒適感、幸福感以及對對方的重要性等即是。人際親近，就是在透過親密的行為使對方有良好的感受，從而願意接近自己。相反地，人際疏遠（interpersonal alienation），無法使人獲致親切感、舒適感、幸福感和對對方的重要性，以致採取逃避的行為反應。人際親近會建立與增進良好的人際關係，而人際疏遠無法維繫良好的人際關係。

　　總之，人際互動過程乃是由人際知覺、人際吸引、人際溝通和人際親疏等所構成。在人與人交往的過程中，一旦人際知覺良好，才會產生後續的人際吸引、人際溝通和人際親近；同樣地，在後續過程中，有了人際吸引，則人際溝通和人際親近乃得以持續完成；再次，有了良好的人際溝通，才會產生人際親近，卒而建立起良好的人際關係。相對地，沒有良好的人際知覺，或不具人際吸引力，或人際溝通不良，則人際之間必然疏遠，當然無從產生良好的人際關係。

第三節　兩人互動與人際關係

　　人際關係的建立，最初乃始自於兩人之間的互動，如嬰兒在襁褓時期與母親的互動，然後擴及和父親及其他家人的互動；以及日後成長過程與他人的互動，大多屬於兩人之間的互動。誠如前章所述，個人在成長過程和他人的互動關係，不但會形成自我人格，且常是日後人際關係成敗的基礎。因此，個人不論在日常生活中或工作上的人際關係，厥以兩人互動為依據，然後再擴展到其他的人際關係。

　　惟兩人互動首先涉及人際察覺的問題。根據心理學家拉福田

（J. Luftand）和英漢（H. Ingham）的看法，兩人在人際察覺方面，因自己和別人的察覺與否，而表現出四種交往型態：(1)舞台區（arena）；(2)盲點區（blindspot）；(3)隱秘區（hidden）；(4)未知區（unknown），如**表3-1**所示。

1. 舞台區：是指互動或交往的雙方都能開放自己，亦即作適當的自我表露，以使對方能充分的瞭解自己，並回饋其訊息。此種充分的自我表露，有助於雙方關係的建立與維持，並幫助雙方自我的成長。
2. 盲點區：是指在人際交往中，對方知道自己的某些事物，而自己卻不知道的情況。如同口臭，自己常不自知，必須等對方告知，自己才知道。
3. 隱秘區：是指在人際交往中，自己知道對方的某些事情，但對方卻不知道的情況。此時，對方必須等待自己告知才會知悉。在人際交往過程中，個人常運用此種機會來作為隱秘或控制對方的工具。

表3-1　人際互動型態

人 際 察 覺　　自己　　別人	自己所知道	自己所不知道
別人所知道	舞臺區	盲點區
別人所不知道	隱秘區	未知區

4.未知區：是指在人際交往過程中，雙方不但都不知道自己的事，也不知道對方的事，亦即雙方都不作自我表露，以致雙方都很難彼此眞正認識的情況。

根據上述四種交往情況，則舞台區能增進彼此的瞭解，有助於人際關係的建立與維持。至於盲點區和穩秘區需要有一方改變自己的態度，才能建立或維持良好的人際關係。最後，處於未知區的兩人很難建立起人際關係，可說是疏遠的人際關係。

至於，在兩人互動的過程中，個人所採取的策略亦會影響兩人關係的建立，這些策略可包括合作策略、順服策略、防衛策略、自主策略等。茲分述如下：

合作策略

所謂合作策略，是指希望和別人建立起一般的良好關係，而採取與之認同的態度和行動之謂。合作策略可包括提供適當而有用的資源，以協助對方；彼此相互配合，以增進雙方的進步；表現額外的服務，以爭取對方的好感；同意對方的主張，提供相關資料；將可行或不可行的事，作有條理的分析，以供彼此參酌；儘量放鬆自己，只要默默耕耘和提供服務即可。

順服策略

所謂順服策略，就是在人際交往過程中，希望和別人建立起良好的關係，而採取順從的態度和行為之謂。通常，採取順服策略乃針對主管、年高德劭的長者或具有權勢者而言。此種策略可包括逐步而溫和的讓步；給予對方面子，佔點小便宜；只要將自己次佳的條件表現即可，避免將最佳的才能顯現；時常拜訪對方，藉以推銷自己。

防衛策略

所謂防衛策略，就是在人際交往的過程中，為了避免傷害到人際關係所採行的策略。該種策略可包括避免爭功諉過，而引發正面衝突；遇到對方有不合理要求時，只宜溫和反應，不宜採用激烈的手段；當與對方無法溝通時，應另尋機會進行溝通；儘量給予對方佔優勢式或得小利，避免其不留情面或攻訐；平等對待對方周圍的人，避免顧此失彼；對於較棘手的問題，可暫時冷靜下來，尋求適當時機再行解決；按部就班地進行人際交往計畫。

自主策略

所謂自主策略，是指在人際關係不佳或對方完全不合作時所應採行的策略。採取此種策略時，可抬高自己的身價，讓對方來爭取關係；只透露自己的部分訊息，不讓對方完全瞭解，以便能作掌控；依據自己的計畫行事，以維持自我目標，爭取對方的配合；利用第三者的關係來影響對方；當自己受到對方歧視時，可停止人際互惠，以維護自我尊嚴。

總之，人際關係是相當複雜的，在兩人進行交往的過程中，除了個人的察覺與否而影響人際交往型態之外，尚需考量個人的人際策略。在知覺察知方面，正常而良好的人際互動宜建立在舞台區，如此才能有助於人際關係的建立與維持。至於人際策略方面，宜因應人際環境或對象而採取不同的合宜策略。當然，這仍得視各種條件，如人際目標、人際吸引、人際溝通等而定。此已如前所述，不再贅言。

第四節　團體動態與人際關係

　　就事實而論，人際關係常是在團體中進行的。因此，團體內部的互動過程對人際關係的影響，頗為深遠。當然，人際關係同樣會影響團體動態的過程。易言之，團體動態與人際關係的形成是互動的。然而，本節討論的重點，乃是團體動態過程對個人之間人際關係的影響。個人處於團體中必然會受到團體目標、團體結構、團體規範、團體意識、團體凝結力、團體壓力等的影響，由是形成個人不同的人際關係。

團體目標

　　個人一旦加入團體，必須朝向團體目標而努力。蓋團體目標是一個團體成立與存在的必要條件，也是團體成員活動的指針或努力的方向。此種目標可能為追求共同利益，或為爭取組織中的地位，或為推展社會活動，或為滿足心理需求。團體有了目標，團體成員的活動才有固定的方向。一個團體若沒有目標，團體力量必然分散，成員的活動也會失去重心，必無法成為一個團體。然而，每個團體成員對團體目標的認同可能有所不同；有些成員對團體目標可能忠貞不二、堅定不移，有些則否；如此將形成不同的人際關係。如同樣認同團體目標的成員之間，其關係可能更為密切；而無法完全認同團體目標的成員，則很難與認同團體目標者建立起良好的關係。是故，團體目標常是決定團體內部成員人際關係的要素之一。

團體結構

　　團體結構對人際關係的影響，最主要乃為來自於內部溝通的

路線。不同的人際溝通路線，往往決定了人際關係的親疏。一個溝通甚為密集的團體，其內部成員的關係必然甚為親密；而一個溝通甚為疏散的團體，其內部成員的關係必較為疏遠。即使在同一個團體內，成員間溝通的路線不同，其親疏程度亦有差異，此乃受到前述個人不同的地位、角色、勢力等之影響。由於團體內部各個成員地位、角色與勢力的不同，而形成各種不同的人際溝通網，如圖3-1所示。在圈式和網式溝通網中，每個成員的地位、角色和勢力相同，其關係是同等的親密；在輪式、鏈式和Y型溝通網中，處於中心地位或交叉點的成員，其與他人的關係顯然比

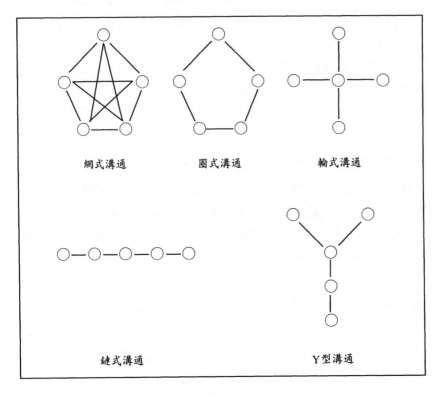

網式溝通　　　　圈式溝通　　　　輪式溝通

鏈式溝通　　　　　　　Y型溝通

圖3-1　不同的團體溝通網路

其他人之間的關係更為親密。是故，團體內部結構或成員溝通網路很明顯地會影響團體成員的人際關係。

團體規範

　　團體規範之所以影響團體成員的人際關係，乃為團體規範係成員所必須遵守的共同行為準則。它是團體成員行為的依據。一個團體如有共同行為規範，則個人行為才能有所遵循，不致脫離團體行為途徑。惟團體行為規範有強弱之分，此常決定團體成員行為一致性的強弱。凡是團體行為規範愈強，則成員表現一致性行為的程度就愈高；反之，則愈低。此種規範程度的強弱與一致性行為表現的差異，常造成個人人際關係的不同。例如，一個遵守團體規範的個人，可能較為其他成員所喜歡或接受；相反地，一個不斷挑戰團體規範的個人，多不為人所喜歡與接受。如此自造成各個人人際關係的良窳與親疏。

團體意識

　　團體意識是團體成員透過交往行為，而由共同信仰、價值和規範所形成的。團體信仰是團體意識的一部分，對團體成員有一種整合作用。團體價值是團體意識的重要部分，對團體成員提供一個大的信仰系統。至於團體規範則由團體價值而產生，是團體成員行為的準則，決定何者是正當的，何者為不正當的；同時，它也規定成員遵守或不遵守規則時所應得的賞罰。然而，團體中各個成員可能對團體意識中的各個部分之認同，各有其差異，以致形成不同的態度，卒而產生不同的人際關係。凡是愈能認同團體意識的成員，其在團體中愈能與他人契合，則其間的人際關係將愈為穩固；否則，其人際關係將愈為疏遠。

團體凝結力

所謂團體凝結力，是指團體成員能相互認同，且能相互吸引的程度。當團體目標愈能為所有成員所認同，或團體活動對成員愈具吸引力時，團體凝結力愈為強固；否則，將愈為微弱。通常影響團體凝結力的因素，至少包括團體的大小、相處時間的久暫、外力的威脅、領導型態、加入團體的難易度、成員對目標的認同性、團體過去的成就表現等，都與團體凝結力有關。團體成員基於上述各項因素而產生團體凝結力，其常有大小之別。凡是成員之間的凝結力愈為穩固，則其間的人際關係必愈為緊密；否則，將愈為疏遠。

團體壓力

每個團體都有制約力的存在，以懲處一些破壞團體目標不一致的成員，以促使成員遵從團體規範，否則該成員只有脫離團體。當個人在加入某個團體後，若其意見與其他成員不一致，將產生一種不安的情緒，並形成一種無形的壓力，擔心破壞自己的人際關係，此時只有選擇遵從團體規範；否則必受到其他團體成員的排斥，或選擇自行脫離團體。當然，團體成員也可能在行為上遵從團體，而在內心上不以為然；然而，在團體壓力之下，仍不得不屈從於團體。在上述各種情況下，個人處於團體之中，將形成各種不同的人際關係。

總之，個人隨時都可能是任何團體的一份子，很多個人的人際關係都是在團體中與其他人交互行為而形成的。因此，個人在各種團體中所學習而來的行為規範，往往是日後形成其人際關係的基礎。這些基礎的養成，乃在各種不同團體的目標、結構、規範、意識、凝結力與壓力下而逐步完成的。是故，個人人際關係的養成多少都和他過去在所有團體的互動過程有關。

第五節　家庭對個人人際關係的影響

在團體動態與個人人格的養成過程中，家庭是典型團體的代表。家庭是人類生活中最基本和最主要的一種團體。人類的許多活動都是由家庭中放射出來的。當個人自出生以來，即透過和「有意義的他人」（significant others）的接觸，而形成自我概念和自我意識，因而懂得有別於「概括性的他人」（generalized others），此即為自我（the self or ego）。此種自我是從本我的天生本能中延伸出來的，用以瞭解外在世界，改變外界的事物，並控制本能要求的壓力，此種自我乃是人格的一部分，也是與人互動的基礎。易言之，每個人都透過家庭的社會化而成為獨特的人。

就人際關係的觀點而言，家庭是個人最早接觸與最重要的社會化機構。個人在出生後，即由父母處學習到信仰、價值和行為模式，以及和其他人相處之道。家庭會反映它所屬於的社會階級、宗教、種族等的態度、壓力、價值和民俗習慣。個人在家庭成員的互動中，得以漸次成長、參與社會，並得到某些滿足或不滿足，且認知與學習社會角色，體驗與他人相處的技巧。因此，家庭不但是個人人格形成的場所，也是人際關係的訓練場。

在家庭中，不同的教養方式很顯然地會塑造個人的不同人格，以及對人際關係的態度。例如，開放式家庭可能教導孩子自動自發、獨立自主、思想敏捷、有安全感、發展平等互信的基本觀念，此種觀念很明顯地將會培養出開放性的人群關係態度，促成個人養成和他人和睦相處的信念。相反地，封閉式家庭講求的是權威，要求遵守更多的規章和命令，如此將使個人傾向於拘謹保守的性格，很難形成開放性的人格與態度，其表現在人際關係

的基礎上，必是退縮、保守、壓抑、屈從等，此將不利於人際關係的建立與維持。

　　顯然地，和諧而開明的家庭氣氛將培養出良好社會適應的能力。此將有助於良好人際關係的建立與維持。在家庭中，為人父母的宜早日教導孩子，採取較開明的管教方式，平日宜多接觸孩子，且與之談話，以誠懇而關懷的態度，瞭解孩子的想法，一旦有了問題，則協助解決。如此，不僅對孩子個人人格的成長有所助益，且在日後人際相處上更能體會他人的困難之處，以培養同理心和同情心，此則有助於培養良好人際關係的態度，奠定良好人際關係的基礎。

　　總之，家庭對個人人際關係好壞的影響，是相當深遠的，尤其是對個人早期人格和思想的確立更具有決定性的作用。因此，有關良好人際關係的培養、建立與維持，宜儘早從家庭做起，如此才能培養出正確的人生觀，學習良好的人際關係態度與技巧，奠定日後事業成功的基礎。

第**4**章

．．．．．．．．．．．．．．．．．．．．．．．．．．．．．

人際的情境層面

- 情境的意義與內涵
- 人際的組織環境
- 人際的社會環境
- 人際的文化因素
- 人際的物質環境

人際關係是人與人之間在一定的情境中所建立起來或加以維持的。人際關係一方面固為個人的自我意願所形成的，另一方面則為情境因素所促成的。個人與個人在各種情境中相處，基於情誼的互動乃形成各種不同的人際關係。誠如第二章所言，人際關係的建立始自於個人的自我意願，但多少受到環境因素的影響。當然，個人本身即可視為一種內在情境；除此之外，尚涉及外在情境，如團體動態關係、組織環境、社會環境、文化因素以及其他物理環境等是。有關團體動態因素已於第三章討論過，本章將討論其餘各項。

第一節　情境的意義與內涵

所謂情境，是指個人所處的各種情況和條件而言。一般所謂的情境（conditions），至少包括三項意義：一為物理環境因素，如溫度、音響、空氣、照明、場所佈置、設備、活動空間以及其他物質條件等；一為社會環境因素，如人際互動狀況、團體動態關係、組織政策與活動、社會變動、文化環境以及其他人為因素等；一為時間因素，如交往時間的久暫、接觸的次數和間隔等是。這些都是個人所處的環境。

就人際關係的立場而言，影響人際關係的情境主要為社會環境因素，這些因素類皆為動態的人為因素，而排除大部分的自然環境因素。例如，天候的變化也許會限制人們交往的機會，但卻不是決定人際交往的關鍵性因素或核心因素；且其對人際關係的建立與維持之影響甚為有限，故而不列於本章所討論的重點。其他諸如溫度、音響、空氣、照明和其他物理環境因素亦然。

然則，影響人際關係的建立與維持之情境因素爲何？就人際互動過程而言，人際關係既是屬於「人」的問題，那麼影響人際關係的情境因素當以社會情境爲主，這些因素就是前述的人際互動狀態、團體動態關係、組織政策與活動、社會變動、文化情境以及部分的物理情境和時間因素，以下各節將依組織、社會、文化與物質情境對人際關係的影響作進一步的分析。

第二節　人際的組織環境

　　個人在社會中生活，常需加入組織，而成爲組織的一份子。在此種情況下，個人的人際關係多少會受到組織環境的左右。有些組織環境因素，可能直接影響個人人際關係的形成，有些則間接造成對個人人際關係的影響，這完全視情況而異。一般而言，組織是由許許多多的個人所組成的，它乃爲一個極爲複雜的人、事、物之組合體，則其中必存在著複雜的人際關係。在組織中，影響人際關係的最主要因素，要數組織的管理哲學，其次乃爲組織結構、組織目標、組織變革等事項。

管理哲學

　　組織內部的管理哲學，對成員人際關係的影響甚大。組織的管理哲學乃代表管理人員，尤其是最高主管人員的價值觀。一般而言，管理哲學可大別爲兩種看法：一爲傾向於人性觀點的，一爲傾向於組織目標之達成的。凡是傾向於人性觀點的管理哲學，較爲重視員工的需求，其必容許員工有更多交往的機會；而傾向於組織目標達成的管理哲學，較重視工作任務的完成，其往往限制員工自由交往的領域與範圍，以致員工的人際關係常受到較多

的阻礙。

　　當然，上述情況只是一種概括性的論點，其並未有定論。例如，當組織管理者採取較不合乎人性的管理措施，則員工可能向下層人員或暗中結交其他人員而形成非正式團體即是。由此可知，嚴苛或不合乎人性的管理哲學，只能限制員工人際交往的範圍或對象，卻無法抑制員工與人交往的欲望。蓋個人之所以是否願意和他人交往，乃取決於個人的需求與願望，此絕非組織環境可限制的。

組織結構

　　所謂組織結構，乃是組織依據正式法令或程序而形成的系統；組織成員往往需依組織結構而行事，以致形成自己的人際關係。易言之，組織結構常常是個人活動的架構，個人依此結構而建立起自我的人際關係。顯然地，個人的人際關係是會受到組織結構的流向之影響的。當個人在組織的架構中工作或活動，往往會與志同道合者結合而建立起親密的人際關係；而與理念不合者之間，自無法產生親密的關係；甚或一旦有了交往，其關係也將日漸淡薄或疏遠。然而，吾人可以確定的是，組織結構確會影響人際關係的建立或維持。換言之，一個從未參加過任何組織的人，將無從在組織內部建立起其人際關係。因此，組織結構乃為組織內部成員建立或維持其人際關係的根基。

組織目標

　　組織目標和組織結構一樣，都將決定組織成員活動的閾限。蓋組織目標乃是成員據以行事的依據，也是成員行事的指針與方向。然而，在組織成員實現組織目標的過程中，常常因個人理念或需求的差異，而形成不同的人際關係。凡是對組織目標有共同

認知的成員，其間的關係必更為緊密；而對組織目標有不同認知者之間，較難建立起親密的關係；甚而因對組織目標的理念不同，而由親密的關係逐漸地轉為淡薄或疏遠。是故，組織目標有時可促成內部成員形成親密的人際關係，有時則可能會疏遠成員間的人際關係，其乃視成員對組織目標的認同性而定。

組織變革

組織為了適應內、外在環境的變遷，隨時都必須作變革的準備。當組織發生變革時，其內部關係必然發生變化。無論此變革是出自於結構的調整，或是新技術的革新，或新設備的更新，都會改變員工原有的人際關係。當組織結構作調整時，其內部人員必然要隨之作重新安排；其次，組織在引進新技術時，必然要引進新進人員，此時可能引發舊人對新人的排斥，或在舊人之間產生衝突。同樣地，組織若要更新設備，必然要對原有人員加以更動，或新聘會運用此項設備的人員。凡此都會改變員工的舊有人際關係。是故，組織變革殆為影響人際關係的因素之一。

總之，個人的人際關係隨時都會受到組織環境各項因素的影響，除非個人不是任何組織的成員。然而，人之所以為「人」，乃為他無法脫離組織的環境，每個人隨時隨地都會是組織的成員，故而他必然會受到組織因素的約束，且在組織環境中形成他的人際關係。

第三節　人際的社會環境

個人除了是群體和組織的一份子之外，也是大社會中的一份子。個人人際關係受到社會環境的影響者，至少包括社會階層、

身分地位、所得水準、職業聲望、教育背景、個人成就以及個人的社會活動力等是。當然，這些因素彼此之間也是相互影響、交互作用的。惟爲探討方便起見，茲分述如下：

社會階層

人類在社會環境中活動，自然有不同的社會階層，以致形成不同的人際關係。所謂社會階層（social stratification），是指一個社會中的人按照某個或數個標準，如財富、權力、職業或聲望等，而區分爲各種不同等級之謂。每一個等級就是一個社會階層，而各個社會階層的人員都各擁有若干不同的可用資源，以致形成不同的人際關係。就整個社會而言，一個社會同時包括許多群體的人，具有不同的經濟、政治或文化地位，且各自感覺到彼此有尊卑的差異。亦即具有同樣社會聲望的人易自成一種群體，他們在心理上會有「我群」（we-group）的感覺，而在行爲表現上也常趨於一致，以致有了共同的習慣、態度、情操、觀念、價值觀，使用相同的標誌、符號或象徵，並表現相同的行爲標準。

當然，吾人也很難確定所有同一階層的人，其行爲都是一致的。畢竟個人與個人之間的差異還是很大的。因此，社會階層只是一種相對的概念。不過，整個社會結構即代表許多不同的群體，而這些群體的社會性很明顯地並不相同。惟每個階層的份子大多在同階層內產生交互行爲，較少與其他階層的份子交往，確是事實。而且在同一階層內的個人，其社會聲望比較類似，故而相互交往的機會較多。

身分地位

所謂身分地位，是指一個人在社會階層中據有某一種位置而言。它是評定個人社會地位的標準之一，而構成身分地位的因素

甚多，如教育程度、職業聲望、財富、個人所得、權力運用等均是。由於社會中每個人的教育程度等因素的不同，以致其身分地位也大有差異。凡是身分地位相當的個人之間，彼此交往的機會較多；而不同身分地位者之間，其相互交往的機會較少。此外，在不同身分地位者之間，身分地位低的人有結交身分地位高者的傾向，此乃因身分地位低者欲藉向上結交，以提升其地位之故。是故，不管身分地位的高低如何，其乃爲構成人際關係的因素，是毋庸置疑的。

所得水準

所得水準或稱爲收入（income），是指人們所得到的金錢而言，亦即爲一個人所獲得的金錢總數。它與財富（wealth）不同，後者是指人們所擁有的一切，即一個人所有物件的價值總和。對大多數人來說，他們的所得都是來自於工資或薪俸，只有少數人的所得來自於財富。然而，人們所得水準與財富的累積，同樣是決定個人社會地位高低的因素。一般而言，所得水準的高低和財富的多寡，並無法直接決定人際關係的良窳或人際交往的頻繁度；但由於個人所得愈高，財富累積愈多，往往是他人爭取交往的對象；而所得愈低，財富累積愈少的個人，往往不是他人較喜歡交往的對象。當然，這種情況仍得視其他條件而定。惟所得水準或財富累積的多寡，顯然地是決定人際關係的因素之一。

職業聲望

職業聲望既是評量個人社會地位高低的因素之一，也是影響人際關係的建立與否之因素。職業聲望是指一個人因在職業上是否能有超水準的表現或才能，而能否得到他人的尊重、敬仰、贊同讚賞而言。一個有很高職業聲望的人，不僅覺得自己有價值、

受人尊敬，且讓人覺得自己受到讚美和推崇；而不具職業聲望的個人，則否。通常用來表示聲望的符號，包括頭銜、名位、榮譽、職銜、勳章、紀念品等，都是職業聲望的符號象徵。個人擁有較佳的職業聲望，不見得一定能建立或維持良好的人際關係，但由此而建立的社會地位，卻是他人尊崇的對象。相反地，不具良好社會聲望的個人，往往是他人避免交往的對象。

教育背景

教育背景往往代表個人智力高低或努力程度的指標，它可顯現個人權力運用的程度，而成為衡量個人社會地位高低的因素，有時常常是人際交往取捨的要素。一般而言，具有良好教育水準者，其智力或努力成就較高，在社會上自然擁有較高的地位，且常為他人爭取交往的對象；而教育程度較低，其智力或努力成就也較低者，自然難以擁有較高的社會地位，以致不為他人所欲交往的對象。

個人成就

個人的社會地位也受到個人成就的影響，終而影響其人際關係。所謂個人成就，是指個人的表現是否受到尊重，而影響到他人是否願意接受他的領導。當個人表現良好時，則他人尊敬他；相反地，則較難受到尊敬。一般而言，個人的工作表現可用收入的高低來表示，例如，兩個從事相同工作的人，收入較高者，其個人表現通常較佳，所得到的評價也較高。此外，個人的表現也與其行動有相當的關聯性，如個人行為表現常常獲得社會的讚賞，而且能夠體恤別人、關懷別人、贊助他人，則可提高個人的社會地位，也會有較佳的人際關係。當然，這仍需排除人性的自私或忌妒等因素。

社會活力

個人參與社會活動的程度，是決定其社會地位的一項重要因素，也是構成人際關係的關鍵性因素。個人積極參與社會活動，較能得到社會親近行為，獲得別人的認同，從而具有某些影響力，其人際關係自然較為暢旺。蓋人際關係的本義，就是他人對個人看法的好壞，以及個人對他人看法好壞的綜合。因此，社會活動力往往是決定人際交往的因素。個人若無參與社會活動的意願或機會，將無從產生任何的人際關係或社會關係。

族群關係

族群關係有時也是決定個人人際關係的因素之一。通常，個人比較願意和同一族群內的他人交往，此乃因同一族群內的個人之間具有相同的價值觀、宗教信仰、語言文字、生活習慣、文化型態等，以致容易彼此適應之故。所謂族群（ethnicity），是指具有共同地域來源或文化特質或其他特性的群體；它可依據地域、文化、政治、經濟、價值、信仰、體質特徵、利害關係、種族、宗教等標準，而組成不同的群體，甚而每個群體又細分為更小的群體，直到已細分為最小的群體為止。此種群體內的個人之間往往會產生相同的意識、價值與行為規範，以致排斥其他群體。是故，就族群關係而言，族群內部的個人之間彼此交往的機會較多，而與其他族群的人交往較少。當然，此常因時空的變遷或其他因素的影響而有所改變。然而，族群關係有時會影響個人的人際關係，卻是無可置疑的。

總之，影響個人人際關係的社會性因素甚多，而其中尤以社會階層為最具關鍵性；蓋社會階層的高低往往為個人所處的身分地位、所得水準、職業聲望、教育背景、個人成就、社會活動力

與族群關係等的交互作用而形成。因此,個人的人際關係多少是由以上各種社會因素交互作用所構成的。

第四節　人際的文化因素

　　個人生存在社會環境中,無時無刻不受到文化的影響,而人際關係亦然。個人的人際關係不僅受到個人自我、雙方互動、群體動態、組織架構與社會背景的影響,而且也會受到文化因素的限制。換言之,文化因素會將人際互動與關係侷限於一定的文化規範之中。人際關係一旦違背了此種文化的圍限,將難以持續維持下去。例如,一夫一妻制如果是一個社會的文化規範,那麼一夫多妻的關係將無法為社會所容許。又如相互尊重如果是一個社會的文化傳統,則不尊重他人的行為必為該社會所排斥。因此,吾人探討人際關係就不能忽略文化的因素。

　　所謂文化(culture),是指人類一切行為的綜合體,它包括人類的一切知識、想法、態度、價值、法律、風俗、習慣、宗教、道德、藝術、文物以及其他行為規範等;這些都已融入個人生活中的食、衣、住、行、育、樂,與其他各種活動之中。因此,文化是一個社會中所有個人個性的綜合表現,它提供一套個人行為的法則,界定了人類的角色,使人類表現某些行為模式,個人的人際關係就是在這樣的架構中形成的。就人際關係的觀點而言,文化對人際關係的影響可分為兩方面探討之:一為文化差異;一為次文化群體。

文化差異

　　每個社會的文化是不相同的,此即為文化差異。這些差異乃

由文化本身、種族、地理環境和經濟等因素所共同影響或交互作用而形成的。此種文化差異常構成各個種族人際交往形式的差異，其至少有下列情況：

■ 文化特質的差異

文化特質（culture trait）是文化的最小單元，它可以是物質的或非物質的，具體的或抽象的。前者如一片屋瓦、一雙筷子，後者如握手為禮，或其他任何一種簡單的儀式或禮節。各個不同種族的文化特質，往往影響其人際交往的形成，如東方人的握手為禮和西方人的擁抱，都各自代表一種親切熱情的情緒，但表現的方式卻不大相同，此即為文化特質對人際交往的影響。

■ 文化模式的差異

在文化之中各個部分相互關係所形成的全貌，就是一種文化模式（culture model）。不同的文化有不同的文化模式，就如同不同的個人有不同的人格模式一樣，此即為文化模式的差異。此種差異將形成不同的人際關係模式。就人際關係的觀點而言，中國文化模式的主要特徵是家族主義，強調團隊的重要性；而美國文化模式的主要特色是個人主義，強調創新性。此表現在人際關係的交往上，美國的文化模式是著重個人自主，中國的文化模式是需顧及家族的顏面。

■ 文化區域的差異

所謂文化區域（culture region），是指一個文化模式或文化基礎所占有的整個地區而言。在文化區域內基本上同質的文化模式，與其他區域是有差異的。此種文化區域的差異，不僅可幫助我們瞭解各個社會文化的生活內容，且可使我們瞭解其人際關係的內涵。例如，有些文化區域的人表面上可能是熱情的，而實際

上卻是斤斤計較的；而另外一些文化區域的人表面上可能是冷漠的，而實際上是慷慨大方的。因此，不同的文化區域常常顯現出不同的人際關係態度。

■ 文化類型差異

所謂文化類型（culture pattern），是指文化的規範或標準。這些規範或標準常使某種文化易於與別的文化辨別，此即為文化類型的差異。此種文化類型可將各種文化作比較和研究，以找出代表它們的主要特徵，此種不同的文化特徵正足以說明人際關係的不同內涵。亦即不同的文化有不同的行為類型，人際關係態度的差異即依此而形成的。

總之，每個社會都有它獨特的文化特質，此種文化差異往往形成不同的人際關係形式與態度。例如，中東人與他人交談必須很靠近，而美國人則保持一定的距離，此乃為文化特質的差異所造成的。是故，吾人在探討人際關係時，絕不能忽視文化的差異。

次文化群體

在文化因素對人際關係的影響上，次文化群體乃是值得探討的一大課題。蓋在一個複雜而異質的文化裡，次文化群體對個人行為的影響力頗大，甚至於比總文化的影響力為大。所謂次文化群體，是指在一個大文化體系中，以宗教、種族、語言、年齡、地理區域、教育程度、社會階層等為基礎，所形成的群體而言。個人對次文化群體的認同，隱含著個人接受該群體的生活模式。由是，次文化群體乃形成對個人的影響力，進而左右其人際關係。本節所擬討論的包括年齡次文化群體、生態次文化群體、種族次文化群體等。

■ 年齡次文化群體

所謂年齡次文化群體，係指在某個文化體系中，以年齡為基礎而將之劃分為幾個群體而言。如嬰幼兒群體、兒童期群體、青少年群體、青年群體、成年群體、老年群體等是。該等群體各有其主要特徵，且在這些群體當中各有其人際關係特質。例如，嬰幼兒群體的人際關係最主要來自於家庭，所依靠的是父母、兄姊和其他家庭成員的關係；兒童期群體的人際關係，最主要來自於學校的師長和與同學的認同；青少年群體的人際關係大部分來自於同儕的影響，並要求自我的獨立；成年期的人際關係大部分始自於同事、朋友、夫妻之間，而尋求與他人的相互認同，尋求友誼、合作的機會，並關心社會和他所處的世界；老年期的人際關係則在尋找老伴和老朋友，並從兒孫輩的成長與成就中尋求安慰和喜悅。凡此都是各個年齡次文化群體的人際關係特色。

■ 生態次文化群體

所謂生態次文化群體，係指因地理環境的不同，而將整個文化分成若干次文化群體而言。例如，美國有西海岸群體、東部群體、北部群體、南部群體等；中國有北部次文化群體、南部次文化群體、海洋次文化群體、內陸次文化群體等是。甚至於在台灣地區，可依生態次文化而將之區分為城市、市郊和鄉村等次文化群體。凡此都屬於生態次文化群體，且每種次文化群體都有它獨特的特性。根據一般研究顯示，都市人的人際關係較淡薄，功利觀念較重；而鄉村的人際關係較親密，人情味較重；此則顯示各種不同的人際關係特質。

■ 種族次文化群體

所謂種族次文化群體，是指以種族為基礎而將整個文化體系劃分為數個次文化群體而言。例如，美國社會可分為白人、黑

人、亞裔、西班牙裔、墨西哥裔以及其他各種族的次文化群體。又如台灣地區可分為閩南人、客家人、外省族群、山地原住民等各種族群，這些不同族群常顯現出不同的行為特質。由於每個社會文化都有它的獨立特質，以致在人際關係的態度上也常顯現不同程度的差異。此乃與每個種族或族群的心理、動機、生活習慣等有關。而這些因素正影響著各個人的人際關係態度與行為模式。

　　總之，個人的人際關係是常受到文化因素的影響的，其中尤以文化差異與次文化群體的關係為大。吾人在建立人際關係的過程中，絕不能忽視文化因素的影響。

第五節　人際的物質環境

　　人際關係固為人與人之間的交往所形成的，其乃受到個人的自我、兩人互動、團體、組織和社會環境等互動的影響，但有時也常受到空間與時間的限制。因此，人際關係的建立與維持，除了取決於人為的環境因素之外，尚可能受到物質環境的影響。所謂物質環境，可包括場所的設置、環境的向背、空間的距離、物理的流向、時間的久暫等，這些都足以影響人際關係的建立與維持。本節將逐次討論這些因素對人際關係形成的影響。

場所的設置

　　場所的設置往往會塑造人際關係的建立與否。當場所設置提供人們有接觸的機會，則可促成人們的自然交往，從而建立起人際關係；相反地，若任何場所無法提供人們的接觸機會，則人們必無法進行交往，也將無從建立起人際關係。至於，所謂場所可

以指日常的生活空間，也可以是工作場所；可能是會場，也可能是休閒場所；或許是一家俱樂部，或許是同學會、舞會、禮拜堂、慶祝會以及其他各種場所等是。總之，凡是足以提供人們聚集的地方，都可能促動人們的交往，由是建立起個人的人際關係。因此，場所的設置顯然提供了人們活動的空間和交往的領域。

環境的向背

物理環境的向背，往往是決定人們是否相交往的主要因素。例如，住家門口相向或同一方向者，比門口相背或相反方向者，有更多交往的機會。同樣地，在工作場所中，辦公室或辦公桌相向或同一方向者，比其他方向者更容易有交往的機會。此種情況乃提供人們碰面的機會，再加上人類具有群性的本能，由於彼此的交談乃能促成彼此的交往。當然，人們交往的可能性部分仍有賴於自我的願望與需求，以及其他各種因素的綜合結果。不過，物理環境的向背乃為提供人們是否彼此交往的機會，確是不容置疑的。

空間的距離

空間距離的遠近，將影響人際關係的建立與否和親疏。凡是空間距離愈近，愈容易建立關係；相反地，空間距離愈遠，愈不容易建立起關係。例如，兩個坐在相鄰的個體，比兩個坐在遠距離的個體，較易有交往的機會。當然，這仍得取決於個人的交往意願和其他因素的影響。例如，相鄰的兩人因志趣不合或其他原因，而無法建立親密的關係，甚或使其原有關係更為疏遠。然而，空間距離的遠近乃是決定人們是否交往的因素，確是無可否認的事實。蓋遙遠的距離不僅會造成心理的距離，而且也無法形

成交往的機會。

物理的流向

　　物理流向有時也會左右人際關係的建立與否。固然，距離的遠近會影響人際交往的機會；然而，物理流向的連接性將增加人際接觸的機會。因此，即使兩人距離甚遠，然因工作的銜接而有了交往機會。例如，兩個不屬於同一個部門或單位的人，因工作流程的連接而使得他們有了認識的機會，從而建立起兩人的互動關係。相對地，工作上不能銜接的兩人，則無從建立起彼此的關係，除非他們是透過其他因素而建立起相互關係的。是故，物理流向往往也是影響人際關係建立與否的因素之一。

時間的久暫

　　人際交往除了受空間距離等因素的影響之外，也常取決於時間距離久暫的影響。例如，人們在剛開始交往時，往往因好奇心的驅使而顯得較為親密；而一旦有了相當的瞭解後，反而逐漸地疏遠。當然，這仍得依各種情況而定。例如，有些世交經過幾代的傳襲，而其交情始終歷久不衰；有些人們的交往常因初識尚不熟悉，而無法深交。顯然地，由於人們交往的久暫與熟稔程度，而影響其人際關係的親疏深淺。不過，這仍需考量其他因素的影響。

　　總之，物質環境常提供人們相互交往與活動的範圍和領域。易言之，物質環境實是形成個人人際關係的場所，若缺乏此種活動空間，則人們將無從建立起人際關係。因此，物質環境因素乃是吾人在探討人際關係時所不能忽略的。

第5章

人際間的衝突

- ■ 人際衝突的意義
- ■ 人際衝突的成因
- ■ 人際衝突的過程
- ■ 人際衝突的方式
- ■ 人際間衝突的結果
- ■ 衝突的解決與預防

人際衝突是人際關係最重要的一部分，蓋衝突行為最能顯現人際關係的層面。一個人人際關係的好壞，除了個人直覺感受之外，他人很難作直接的判斷；但可由衝突的顯現而觀察得到。因此，吾人要探究人際關係，可從人際衝突層面去觀察。本章首先研討人際衝突的意義、成因、過程、方式與結果，然後研析應如何尋求解決或預防衝突之道，以求能協助個人建立和維持良好的人際關係，並滿足個人的各項需求。

第一節　人際衝突的意義

衝突行為在日常生活中，是屢見不鮮的。就個人而言，個人有內在的心理衝突、外在的角色衝突，與人際間的衝突等。本章所擬探討的乃侷限於人際間的衝突，今首先將討論人際衝突的意義。

根據雷尼（Austin Ranney）的看法，衝突是人類為了達成不同目標和滿足相對利益，所形成的某種形式之鬥爭。此一定義強調目標與利益兩個概念，指出人際間之所以發生衝突，乃肇因於追求不同目標和利益之故。

李特勒（Joseph A. Litterer）則指出：衝突是指在某種特定情況下，某人知覺到與他人交互行為的過程中，會有相當損失的結果發生，以致相互對峙或爭仗的一種行為。該定義顯示：(1)衝突是人際間的一種交互行為；(2)衝突是指兩個人或更多人的相互敵對之爭執或傾軋。當個人知覺到他人的行動，構成對自己的相當損害時，衝突即刻產生。惟事實上，此種損害是相對性的。蓋當雙方交互行為時，必有一方覺得自己多或少得了一些。此時個

人不免產生心理的不平衡，終至採取敵對的態度與行動。這就是一種衝突。

　　此外，史密斯（Clagett G. Smith）對衝突的解釋更為直截了當。根據史氏的見解，認為「本質上，衝突乃指參與者在不同的條件下，實作或目標不相容的一種情況。」他把衝突看作是一種情況，此種情況是由於參與者在各方面顯示出差異，以致不能取得和諧關係所造成的。史氏將衝突視為一種情境，此與李特勒（Joseph A. Litter）把衝突當作是一種行動者顯然不同，但同樣能顯示出衝突的本質。

　　柯瑟（Lewis A. Coser）則自整個社會層面，來討論社會關係衝突。柯氏認為「社會衝突是對稀少的身分、地位、權力和資源的要求，求以及對價值的爭奪。在要求與爭奪中，敵對者的目的是要去解除、傷害或消滅他們的敵手。」換言之，衝突乃是在一般活動中，人際間無法協同一致的一種分裂狀態。就衝突的本質來看，衝突是持有不同利益、目標、認知或價值的當事者之間，所表現不協同一致的爭論。在這種情況下，個人之間的關係是建立在依據個人自我的觀點，用以追求利益行動所造成的結果。

　　再者，肯恩（Robert L. Kahn）則自權力的觀點，來討論衝突。他並未對衝突作直接的定義，而是作陳述式的解說。他認為雖然每個人對權力的界說，各持不同的概念語言，但甲擁有某種程度的權利，而乙則付之闕如，那麼衝突自是無可避免的。假定一個人的行為不時受到一些力量的影響，包括他自己的內在需求、價值以及外在對他的壓力，就造成所謂的衝突。肯恩之所以如此說明衝突，主要是想標示權力與衝突的緊密關係。他認為權力與衝突，有如一體兩面，難以有明確的劃分。不過，吾人認為權力固可能引起衝突，但並不是唯一的來源。

另外，雷茲（H. Josph Reitz）則把衝突認為是「兩個人無法在一起生活或工作，於是阻礙或擾亂正常活動」的過程。顯然地，雷氏把衝突看作是一種阻礙或擾亂行為，它是一種分裂性的活動，嚴重地阻礙了正常活動。

我國社會學家龍冠海教授認為：衝突是兩個或兩個以上的人或團體之直接的和公開的鬥爭，彼此表現敵對的態度。此一界說強調直接和公開的鬥爭，但事實上衝突尚有間接和隱含的意義存在。蓋有些衝突可能不是外表可以看得出來的。

張金鑑教授即認為：衝突是兩個人以上的個人或團體角色，以及兩個人以上的個人或團體人格，因感情、意識、目標、利益的不一致，而引起彼此間的思想矛盾、語文攻訐、權利爭奪及行為鬥爭。衝突活動或為直接的、或為間接的、或為明爭、或為暗鬥。

綜觀上述衝突的定義，顯示人際層面的衝突乃為基於許多不同立場所致。不過，龐第（Louis R. Pondy）認為：每個整體的衝突關係，是一連串相互連結的衝突事例所結合而成。每個事例展現出的一套發展的順序、過程或類型變化。一個事例在任何過程中，即是用以描繪衝突關係所顯現的某一個固定類型。因此，吾人所看到的衝突定義，都是截取了一個衝突事例的一個類型或過程而已。總之，吾人認為人際衝突至少具有下列特質：

1. 衝突必有相互對立者：衝突的發生必有兩個以上的人或團體，若只有單方面的行動是無法構成衝突的。此種相互對立者，必具有相當的獨立性。

2. 衝突必基於某些原因：衝突乃為對立者基於目標或利益的不一致而引發。不過，目標或利益可能是不一致的，但卻是共有的。蓋獨立或不相干的目標或利益，很少有引發衝

突的可能性。

3. 衝突必表現交互行為：衝突的產生必始於交互行為的基礎上。人與人之間若根本沒有接觸，當無從發生關係，從而無法引發衝突。蓋無交互行為，很難顯現彼此的差異，則衝突將無由發生。

4. 衝突必有競爭或鬥爭：衝突是一種對立的行動，競爭或鬥爭是衝突的表現形式。它與合作是相對的，人與人之間若彼此合作，就不會有所謂的衝突，也不會顯現競爭或鬥爭。這種競爭或鬥爭可以為有形的，也可以為無形的；可以是直接的，也可以是間接的。

　　總而言之，人際衝突是兩個以上的個人，基於不同的目標、利益、認知或價值，而在心理上或行為上直接或間接、公開或暗地相互對峙、爭仗、競爭或鬥爭的一種狀態。

第二節　人際衝突的成因

　　有人認為：衝突乃是溝通不良所造成的。無疑地，不良的溝通會導致衝突的產生；但並非所有的衝突，都是溝通不良所形成。一般而言，人際間衝突的原因，不外乎：(1)活動的相互依賴；(2)稀有資源的爭奪；(3)次級目標的對立。此外，個人間對人對事的差異，也會形成一股衝突的來源。如果差異甚大，衝突往往愈為強烈；反之，則較弱。

活動的互依性

　　在社會生活中，兩個個人相互依賴的程度，往往會導致人際

間的衝突。此種相互依賴的方式，有同樣依賴某個個人，處於需與某個人相聯合的情境下，甚或需要一致的意見等，都會引起人際間的緊張和衝突。例如，兩個個人同時需要某人的服務，即可能造成時間先後的爭執。

在所有的社會生活中，人際間的互依性乃建立在兩個特性上：一為有限資源；一為時間的壓力。當某個人爭取到資源的分配、人員的分派以及設備的使用時，其他個人就爭取不到，或相對地減少了。此時，就有醞釀衝突的可能。此外，兩個個體在時間上互依性愈大，兩者產生衝突的可能性也愈大。如兩個在工作流程時間上相銜接的個人，都有發生衝突的可能。

資源的有限性

人際間衝突的潛因，部分係肇始於共有資源分配的限制。由於各種資源都是有限的，各個人為了爭奪這些資源，不免相互競爭或衝突。社會對各個人所需的各項資源，所提供的數量越少或能力愈有限時，資源對各個人的意義就更形重要；而導致其間衝突的緊張程度，也愈形強烈。此外，由於社會分化的程度愈精細，這種為資源競爭而發生的衝突也會愈多。同時，當人際間對相同資源運用的程度增加時，其間衝突愈容易發生。

目標的差異性

在社會生活中，目標不同的各個人之間產生衝突的可能性，遠比目標相似的各個人之間為大。各個人目標產生差異的原因，乃係基於四種社會特性而來：共同依賴有限資源、競爭性的獎勵系統、個人目標的差異，以及對目標的主觀認知。當社會資源充裕，或各個人目標都是獨立的，則目標差異不會引起重大衝突。但當資源用罄，共同依賴程度增加，目標差異就變得明顯與重

要，人際衝突也隨著增加。

　　此外，競爭性的獎勵系統，也會激起人際間的衝突行為。在某些情況下，社會為鼓勵個人努力工作，獎勵的運用是必要的。但由於每個獎勵名額的限制，這種獎勵系統可能直接增強了競爭，或無心地引發了衝突。再者，個人目標的差異，也會帶動人際間目標的分歧，而產生衝突行為。顯然地，一個群體目標相似的各個人之間，其衝突較小；反之，一個群體目標完全不同的個人之間，其衝突的可能性較大。

　　人際間目標的差異，也受到各個人對群體目標主觀解釋的影響。根據研究顯示：如果群體目標非常明顯清晰，且將各個人的目標界定得很清楚、客觀而具體，就足以降低人際間的衝突。然而，吾人很難有一套清晰而客觀的目標，每個人常主觀地認同自我目標，於是乃導致衝突的發生。

知覺的分歧性

　　人際間的衝突潛因，部分是由於知覺的歧異所造成的。在社會生活中，由於專業化與專精度的增加，常使人際間的知覺與看法有所不同，因而引發彼此間的衝突。同時，每個人的生活型態或所從事的工作性質不同，其眼界也有所差異，以致形成各個人的不同知覺，卒而演變為衝突的根源。

　　就專業化而言，每個人會發展一套自我系統，透過自我系統而產生對外在世界的不同解釋。此種自我系統自然產生自己的一套訊息根源，將使得各個人的知覺有所不同。蓋每個人都以自己接受到的訊息，作為判斷事物的基礎，以致形成各個人步調的無法一致。

　　就時間眼界而言，一個具有短期目標的個人，和一個具有長期目標的個人，是截然不同的。時間的長短，即影響個人作決策

的快慢。此種時間眼界的不同，常形成個人間看法的差異，這些差異性都足以形成衝突的來源。

總而言之，現代社會的幾大特性：活動的互依性、資源的有限性、目標的差異性，以及知覺的分歧性，乃是造成人際間衝突的基礎。易言之，人類活動的原始設計，早已種下衝突的潛因。人際間衝突潛因一旦形成，則在某些觀念上、溝通上和彼此間的曲解，都會維持和增強所產生的衝突。

第三節　人際衝突的過程

個人間一旦基於某些不調和的情況，往往會逐漸衍生為衝突。其過程可分為下列各階段：

潛在衝突階段

在此階段中，衝突的基本情勢已形成，只是尚未為人所認知。此乃因個人常處於不同情境中，而潛伏著衝突的暗流。諸如彼此活動的相互依賴，爭奪稀少的資源，或次級目標的對立，都可能形成衝突的根源。凡活動愈具有互依性，且爭奪稀少的資源，或次級目標差異性愈大，則其間衝突的潛勢也就愈大；反之，則愈小。然而，在衝突的衍生過程中，此種衝突潛勢即使已存在，但仍然未為可能衝突的雙方所知覺到，除非其已演進到下一個階段。

認知衝突階段

此階段乃為雙方當事人或某一方，已發現了衝突的肇因。此時，可能發生衝突的一方或雙方，在情感上常會認定己方沒有

錯，而所有的問題都是對方的錯；惟此種認定僅限於有此種認知而已。易言之，當雙方或一方感受到有了衝突的發生，其會採取選擇性的知覺，選取有利於己方的說詞，而對對方採取不利的知覺。蓋人在處於緊急情況下，偶有喪失理智的情形，看不見自己的缺點，否定別人的優點；此種現象會造成自我的優越感，而衍生對他人的歧視，卒而演變為衝突。

感受衝突階段

此階段乃為雙方當事人已開始呈現緊張狀態，只是尚未有鬥爭的手段而已。此時，可能衝突的雙方都有先入為主的成見，尤其是與他人發生衝突時，各方都會誇大存在其間的差異。此種彼此的曲解，將因溝通的減少而更形加深。若雙方不得已而交往，則只會加強原有的刻板印象而已，對彼此關係的改善不會有太大助益。因此，感受到衝突的個人都會以為足夠瞭解對方；實則，他們並不瞭解，以致常形成強烈的敵視態度，採取倒果為因的評價，更形成認知上的曲解。

呈現衝突階段

此乃為已採取鬥爭手段的時期，即雙方當事人的行為，已由局外人發現為衝突的事例。此種衝突的形式，依嚴重的到緩和的，可分為戰爭、仇鬥、決鬥、拳鬥、口角、辯論、訴訟等方式。當然，此種衝突可為直接的或間接的，也可以是公開的或非公開的。然而，不管衝突的直接與否，它可能僅止於態度上的，也可能表現在外顯行為上。不過，大多數的衝突很少演變為強烈的攻擊行動；但給予綽號、刻板化等具有敵意的行為，較為普遍。甚至於消極抵制、仇視鬥爭都是普遍存在的，只是比較不易顯現或察覺而已。吾人必須盡力去注意與觀察，才能避免其間衝

突的惡化。

衝突善後階段

此時衝突事件已經解決，或一方已爲他力所壓制，而宣告結束。但其可能重新顯現新情勢，或展開更有效的合作，或種下另一場更嚴重的衝突因子。人際間一旦發生衝突，將不是一件好事，因爲它常困擾著衝突的雙方。

總之，所有的衝突事件都必然要經過上述各個階段，只是引發衝突的兩造，卻不一定都同時處於同一階段；例如，一方可能仍處於認知衝突階段，另一方卻已升至感受衝突階段。然而，真正的衝突事件都必然會經過這樣的階段，殆無疑義。

第四節　人際衝突的方式

個人之間常基於某些原因而相互衝突。一般衝突方式依嚴重的到緩和的，可分爲戰爭、仇鬥、決鬥、拳鬥、口角、辯論、訴訟。人際間衝突既脫離不了此種軌跡，則此種衝突方式必化爲一種行動。本節試將人際間的衝突方式，分爲消極抵制、仇視鬥爭、口角爭辯、攻擊行動等項說明之。

消極抵制

人際間較溫和的衝突方式，乃爲採取消極抵制的措施。當人際間衝突顯現消極抵制時，則個人將會採取阻礙對方的行動，利用對方不易察覺的情況下做手腳、搞鬼，或挖空心思去破壞對方的形象。無疑地，如此將使對方受到莫大的損害或打擊。

消極抵制的情況，乃是故意採取延誤的行動或提供錯誤的資

訊，企圖去阻擾或妨礙對方的行動。雖然消極抵制不是非常激烈的衝突顯現，但卻是一種嚴重的衝突方式。蓋消極抵制易破壞人際秩序，造成彼此的憎惡和怨懟。此種潛在性的衝突態度相當持久，且不容易顯現出來，以致形成衝突意識，衍生對立情緒的發展。

仇視鬥爭

一般而言，衝突的激烈程度是循序漸進的，除非一發生衝突即行解決或衝突的雙方已分開，永不再相處時為例外。人際間的衝突即是如此。當個人之間在活動過程中，若有摩擦發生，彼此的積怨是逐漸形成的，其間衝突的程度也是累積的。因此，當消極抵制已不足以顯現雙方的衝突，常會演變為仇視鬥爭。所謂仇視鬥爭，乃指敵對雙方採取仇視態度，彼此想盡辦法駁倒對方，以求爭取更大利益。不過，他們大部分仍止於態度的顯現，較少採取明顯的外顯行動。

口角爭辯

個人之間一旦知覺到衝突無能解決時，將可能發生口角，相互爭辯。口角爭辯已不僅止於知覺衝突而已，尚且包含著若干激動性的情緒，並已顯現在外顯行為上。此種行為已感受到嚴重的壓力、緊張、焦慮與仇視，以致付諸於口語上。它是個人感受到與他人相互衝突，而顯現出來的強烈語言。此種語言與敵對的個人是對立的，甚而可能演變為一種強烈的攻擊行動。

口角爭辯是最常見的衝突方式，但在人際間是一種嚴重的衝突行為。它已嚴重地妨礙日常情緒，隨時有爆發為侵犯的攻擊行動之可能。口角爭辯很可能迫使個人發展出激烈的情緒狀態，並採取與敵對個人的分裂行動，破壞彼此的和諧關係。對人際關係

而言，無疑地是一種很嚴重的阻礙。

攻擊行動

攻擊行動是最爲激烈的衝突方式。一般而言，強烈的攻擊行動是所有社會所限制和禁止的。蓋此類侵犯行爲，極易造成社會秩序的嚴重破壞。除了像監獄騷動、工人暴動的情形外，整個社會內部很少見到此種外顯衝突。不過此種使用暴力的動機並非不存在，只是較少發生實際行動而已。

人際間攻擊行動最典型的例子，是群毆。所謂群毆，乃是指許多個人以拳鬥、決鬥、仇鬥的方式，企圖擊倒對方。群毆有時也可能有械鬥的情況發生，是一種極爲嚴重的攻擊行動。人際間的衝突若演變成群毆，必嚴重破壞社會性的團結，斷喪人群士氣。蓋群毆必造成傷害事件，引發更多的困擾。因此，攻擊行動是一般社會所禁絕的。

總之，人際間的衝突方式，主要爲鬥爭。它可爲直接的或間接的，也可以是公開的或非公開的。然而，不管衝突的直接與否或公開與否，它可能僅止於態度上，也可表現在外顯的行爲上。一般衝突至少包括消極抵制、仇視鬥爭、口角爭辯、攻擊行動等方式，且各種方式有時是互爲衍生的。當然，在大多數的情況下，人際間的衝突很少演變爲強烈的攻擊行動；但給予綽號、刻板化等具有敵意的行爲，較爲普遍。甚至於消極抵制、仇視鬥爭都是普遍存在的，只是比較不易顯現或察覺而已。吾人必須盡力去注意與觀察，才能避免其間衝突的惡化。

第五節　人際間衝突的結果

　　人際間一旦發生衝突，個人對自我的態度會發生強烈變化，對他人看法也會改觀。另外，由於人際間的衝突，會造成輸贏得失的結果，此種輸贏得失也會引起雙方行為的變化。茲分述如下：

衝突時個人的心理與行動

　　當人際間發生衝突時，個人會積極準備應付變局，以致對自我的態度與行為，有了如下的改變：

■ 堅定個人信念

　　當個人面臨外來的威脅時，個人信念會更堅定。影響個人信念的因素，有對手的強弱、自我的信心、自我的實力、目標對自我吸引力的程度、自我的成就表現、外在情境的影響等。當個人面對衝突時，對方會被視為一種威脅。此種威脅形成個人的內在壓力，迫使自我更堅定其意志，直到威脅解除，此種信念始逐漸鬆懈下來。

■ 偏重工作任務

　　當個人面對衝突威脅時，另一種行為變化乃為偏重於工作任務取向（task-orientation）。個人在平時都以非正式的遊戲為主，比較關心心理需求的滿足。惟一旦發生衝突，則變成以工作為重，一切以達成任務為先。且個人較樂意接受法規的約束，以便能完成自我目標。

■ 傾向自我獨斷

個人處於衝突狀態時，既以要求工作任務為先，必然傾向於自我獨斷。個人一旦遇到威脅，常基於內在需要或外在壓迫，轉而採取較為獨斷方式，以強化自我的立場，直到危機解除為止。此時的自我獨斷對一切決策，及個人的行為途徑，均有決定性的影響。個人之如此作為，無非是要在衝突的過程中取得有利的地位。

■ 嚴密自我要求

隨著獨斷程度的增加，以及關心正式任務程度的提高，個人對自我的許多事情都顯得緊密而嚴格，亦即個人會自我要求遵守更嚴密的規範。此種自我規範可用以規制自我的行為。個人在與他人相互衝突時，即憑藉此種嚴密規範來控制自我，以爭取更多的支持與同情，並可避免觸犯眾怒而招致更多的麻煩和困擾。

■ 繃緊自我情緒

當個人與他人衝突時，其情緒將更加繃緊，甚至失控。人們在日常情況下交友，乃是為了獲致友誼、追求親和需求。大多數人渴望結交朋友，乃為求彼此交換自我感受，而產生共同的情感。惟此種情感常因自我與他人的衝突，而變得混亂，此時個人很難理性地控制自我情緒，也很難表現友善的行為。

總之，人際間的衝突，會形成個人自我極大的變化。如此，個人會認為自己總是對的，而更堅定自我信念；且為了爭勝，他會更嚴守社會規範，以爭取支持，由此而作更多的自我要求；同時他會繃緊自我情緒；不過，在行事上，他比較傾向於自我獨斷。在與人衝突時，個人之所以表現上述特質，其乃希望在競爭中取勝之故。

衝突時人際間的行爲變化

人際間衝突除了會導致個人自我的行爲變化外，同時也會引發人際間關係的強烈變化。人際間的行爲變化，至少有下列特徵：

■ 歧視仇恨對手

當人際發生衝突時，彼此的觀察力開始有了偏差，只看到自我的優點，否認自己的缺點；只看到對方的缺點，否認其長處，產生對對方的偏見。任何個人都會認爲對方是醜惡的、仇視的，不再是中性的或友善的。他們對對手產生了較差的刻板印象，且貶低對方的地位與力量，誇大其缺點。即使對對方原有的知覺不錯，也會變差，而採取漠然的不聞不問態度。舉凡一些惡意的攻訐、綽號，都會加諸對方的身上。

■ 採取選擇知覺

個人間相互衝突時，不僅對對手產生刻板印象，而且所謂暈輪效應（halo-effect）也隨著發生，將對手的行爲加以曲解。他們認爲自我沒有錯，而認爲對手沒有一件是做對的。同時忽略或曲解了對自我不利的訊息，也忽略了對對方有利的訊息。通常他喜歡接收與自我較一致的訊息，而討厭對對手有利的訊息，並蓄意加以嘲弄。換言之，當人際間發生衝突時，會對他人採取選擇性的知覺，曲解對手的意念與行爲。

■ 呈現溝通阻礙

當衝突發生時，個人會避免和對手進行溝通或產生交互行爲。但有時個人爲了肯定其刻板印象，乃採取敵視的行動來攻擊對方，以證明其自我意識是對的，偶爾會和對方進行交互行爲。

不過，個人通常會作自我保留，隱藏對對方不利的訊息，以避免對方加以掩飾；而在一旦發生衝突時，攻其不意、擊其不備。因此，相互衝突的個人之間既敵視對方，自然減少與其溝通交往的機會，如此將使得他們之間更具偏見，不易改變觀察方向的偏差。

■ 強化攻擊行動

當個人間相互衝突時，雙方除了呈現溝通阻礙外，尚可能採取強烈的攻擊性行為。個人為庇護自我的錯失，及保護其利益，有時會採取不光明的手段，而對他人加以監視、批評、謾罵，甚或滋事生非。當然，人際間衝突也可能演變為強烈的打鬥。不過，個人的衝突偶爾固會發生暴力事件；但給予綽號、刻板化、減少溝通等敵意行為，較為常見。

綜合言之，人際間的衝突常會引發某些行為現象，諸如相互仇視、偏差的知覺、溝通的阻礙與攻擊性行動。這些情況有害於人際關係的正常運作，形成許多不必要的紛擾。此種紛擾往往具有強烈的情緒色彩，違反整個人際關係的良好準則。

衝突後得勝一方的行為表現

當個人間發生衝突後，不免有一方得勝，另一方失利。得勝的一方不免沾沾自喜，失利一方則可能產生強烈的怨尤，甚而衝突的結果是兩敗俱傷，以致引發更多的紛擾和不安。一般而言，得勝的一方常表現一些現象：

■ 鬆散自我意志

當衝突的一方初嘗勝利的果實時，其意志力也會增強，變得自足而穩定，但過了不久，其意志力不再像衝突時那麼緊密，而

逐漸地鬆懈下來。

■ 喪失戰鬥精神

當個人在衝突時，彼此的戰鬥意志非常高昂，但等到衝突過後，勝利的一方會慢慢地鬆弛了緊張，喪失了戰鬥精神，甚至於得意忘形。

■ 注重心理需求

當個人處於衝突的情境中，常以社會規範爲先，犧牲個人心理需求的滿足。惟一旦個人得到了勝利，在轉眼間卻漸漸地以自我的滿足感爲首要，關心自己的心理需求，而把社會規範置於其次，亦即暫時拋開社會規範的約束與執行。

■ 加深觀察偏差

在個人間相互衝突後，勝利的一方心中十分舒暢，認爲勝利確證了他以前對自己的看法，和對對方不好的看法；不想重估過去的觀察，也不想重新檢討自己的作法，俾求改善，以致形成更嚴重的偏差。

■ 僵化自我信念

當個人間相互衝突時，個人的自我信念相當嚴密，此有利於自己應付緊急的變局。惟一旦衝突後，勝利的一方繼續保持此種信念，並滿足於現狀，不願輕易改變自我意識，深怕破壞了勝利的果實，形成自我信念的僵化，喪失行事的彈性。

總之，個人之間在相互衝突後，得勝的一方不免得意忘形、鬆散意志，轉而追求自我的心理需求，不想重估過去的作爲，以致形成自我信念的僵化。凡此都有害於人際關係的重整。

衝突後失利一方的行爲表現

個人之間在發生衝突後，失利的一方會產生不少壓力與怨尤，其行爲常顯現下列現象：

■ 企圖掩飾失敗

當個人間在相互衝突後，失利的一方常不承認自己的失敗，總想找一些藉口來加以掩飾。如「裁判不公」、「我的運氣太差」、「管理者偏心」等是。

■ 探求失敗原因

個人於衝突失敗後，常會失去信心。以前沒有解決的問題，現在會暴露出來，甚而發生更多事端，節外生枝，充滿著爭執與內在壓力。所有這些現象，無非是在找出失敗的原因，俾能謀求改進。

■ 找尋替罪羔羊

個人於衝突失敗後，會更爲緊張，準備更加努力工作。同時，他會怨天尤人，找尋責怪的對象，如團體的領導者、自己，以及對他不利的任何人、事、物與規則，以發洩心中的怨氣。

■ 顯現沮喪神情

當個人於初敗時，會呈現沮喪的神情，自我的信心潰散。但不久後，整個人比較不關心自我的立即需求，一切以長期利益爲優先，而逐漸擴大個人的視野，嚴守社會規範。同時，個人會更強化自我的信念和意志，以求重新振作。

■ 重估過去觀察

失利的個人會推翻以前對自己好的看法，和對對方不好的看法。他對自己的事實眞相學得不少，且對過去的觀察重新加以評

估。一旦接受失敗的教訓後，會變得更有效率，且能更認清自己的長處與缺失。

　　總之，個人在相互衝突後，失利的一方起初會更為緊張，發生無數矛盾與壓力，且常不肯承認失敗，使得個人之間的關係會更為惡化，但在經過一段時間後，個人會重新評估自我的缺失，作更深入的檢討，以備重新再來。

第六節　衝突的解決與預防

　　人際衝突是無可避免的，且不見得是一件壞事。惟人際衝突總是破壞人際關係的和諧，且有些衝突可能引發更大、更多的衝突，故宜尋求解決，甚或加以預防。今日社會所面臨的人際間衝突，並不是要如何去消除它，應是如何去處理它。吾人要處理人際間的衝突，可自衝突問題的解決、降低衝突的不良後果以及衝突行為的預防三方面著手。

衝突問題的解決

　　人際間衝突的基本原因，乃為其所追求的目標不一致，以及溝通與交往的阻礙，而導致彼此觀察的偏差和相互的成見。因此，解決衝突的方式，要鼓勵衝突的雙方面對彼此間的差異，用以瞭解雙方的見解，從而容忍相互差異的存在。其解決途徑，可依下列四種方式進行：

■ 尋求問題解決

　　個人之間之所以會發生衝突，乃為在兩者中間產生了阻礙。當兩個在一起的個人之間各自追求其目標時，難免會相互干擾，

而致相互衝突。因此，採用問題解決方式，乃是要相互衝突的雙方面對共同問題。首先，必須讓彼此同意對方的目標，或將目標分享。假如雙方同意了目標，則開始蒐集資料與消息，以提出解決問題的方案，並研究及評價各個方案的優劣，直到雙方滿意、問題解決為止。通常此種問題解決，都由上級居中協調，使雙方不再各執己見，以求能消弭紛爭。當然，此亦有賴雙方都具備面對問題的誠意，否則必徒勞無功。

■ 採用勸誡說服

當個人相互衝突時，要彼此同意對方的目標是不容易的。此時就必須找出更高層次的目標，設法說服雙方。勸誡說服乃是針對個人目標的差異而使用的，使個人能放棄己見，不再堅持自我目標，而改以更高層目標或整體目標為重。在採用勸誡說服時，說服力的大小取決於彼此共同同意更高目標的條件。勸說就是要使衝突停止，藉著與雙方的溝通和觀察，協助他們面對真正的差異所在，並發現他們共同的問題。

■ 進行諮商協議

當衝突的雙方都不同意對方的目標，且找不到更高層次的目標時，則衝突的解決就必須採用諮商協議的方式。如無法使用勸誡說服及訴之理性的方式，則代之以妥協、威脅、虛張聲勢、下賭注以及一方付出代價等方式行之。所謂諮商協議，是指兩個個人同意交易的過程，雙方都各有所得，亦各有所失。當一方作重大讓步後，另一方要提供若干報償給對方，以酬佣對方讓步的損失。因此，諮商協議是解決衝突的可行方法。蓋當雙方均同意彼此見解，總比彼此唱反調有利，或損失較少。

■ 強行政治解決

　　當衝突的雙方在諮商時，都採取強硬態度，而不稍作讓步，
協議就無法達成。蓋協議必須要雙方態度溫和，能夠互作讓步，
才能發生功效。否則就會演變為權力鬥爭，使衝突逐次擴大，甚
而尋求第三者的支持，尤其是有力量的第三人的介入。此時，雙
方更難尋求共同一致的目標，也無法妥協。就個人本身而言，最
簡單的解決方法就是除去對方，迫使對方退卻或放棄，或者擊垮
他，以求能夠支持自己。然而，此種想法可能演變為更激烈的衝
突。此時可利用政治解決的途徑，透過聯合小組的方式，尋求支
持的力量來解決衝突問題，以維持人際關係的正常運作。

　　總之，人際間衝突的解決方法甚多，一般學者都認為問題解
決是一種很好的方式。當然，每位學者對衝突的看法不一致，因
而其解決方法亦異。況且不同的人際衝突必須運用不同技術解
決，才能獲致實際效果。此外，人際間衝突問題的解決，尚需針
對衝突發生的原因採用不同措施。假如衝突是來自組織結構上的
問題，重新組合是一個有效的解決方式，如果衝突是由於團體中
關鍵性的人物所引起，則可排除這些關鍵人物。其他方法尚多，
實無法一一列舉。

降低衝突的不良後果

　　誠如前述，人際衝突有時是很難解決的。況且人際衝突是人
類社會的自然現象。吾人若想竭盡心思地去解決它是不容易的。
即使舊的問題解決了，新的衝突仍不免再生。因此，吾人宜從多
方面去探討。當無法完全解決衝突問題時，亦應盡力去降低衝突
所產生的不良後果，至少也應限制衝突的擴張。有關降低衝突的
不良後果，可採取如下措施：

■ 樹立共同敵人

　　當個人遭到外來的威脅時，個人的信念會更為堅定。因此，當兩個人同時面對著相同威脅或共同敵人時，能夠促使兩個人忘記彼此差異，而一致應付共同威脅或敵人。此時，若能設定共同敵人，可使相互衝突的個人之間目標一致，轉移其注意力至較高層次，以對付共同威脅。當然，要使該策略成功，首先必須使兩人瞭解共同威脅的存在，且無法逃避或躲開；其次，必須使他們瞭解，為了應付外來威脅，雙方通力合作要比單方面努力有效得多，如此兩個人才有通力合作的可能。不過，此種作法只將衝突對象轉移而已。

■ 設置高層目標

　　人際間衝突的部分行為現象，乃為彼此仇視對方、攻擊對方，且有不良刻板印象。因此，要使兩個相互敵對，且其意志堅定的個人互相妥協，可設計一套較高層次的目標，使衝突的個人間共同設立新目標，而謀求相互合作，以達成共同目標。不過，設置較高層次的目標，至少需具備下列特性：(1)該目標對兩個個人均有吸引力；(2)要達成該目標時，個人間必須相互合作，沒有任何一個個人能夠獨立完成；(3)該目標是能夠被達成的。解決衝突者必須運用高度想像力，謹慎地控制資源，以設計出一套「吸引力強」、「必須相互合作」以及「可達成的」等三項效標的高層次目標，用以降低兩者的衝突。

■ 設法思想交流

　　人際間衝突有時是起於誤解，若能促使兩個個人相互交往，自可減低衝突的不良後果。由於個人都透過自己的交流管道，而形成自我意識；加以各個人都有知覺歪曲的現象，隨著對衝突形勢的提高，接受有利於對方訊息的可能性很低。因此，若要衝突

的雙方接觸，必須力求交換有利的消息，打破彼此間的消極刻板印象，並利用整個環境的改善，來分散雙方對衝突的注意力，以產生有限的短暫效果。惟要使衝突的雙方思想交流，其先決條件乃為雙方需有相互接納的誠意。

■ 實施教育訓練

教育訓練的目的，是要讓個人瞭解周遭環境，以避免不必要的紛爭。教育訓練的實施就是邀請相互衝突的個人，來探討相互關係和觀感，並灌輸一些整體性、合作性的利害關係，且讓他們表現對自己和對方態度。此可說是一種社會化的訓練方法，期以發展個人適當的態度、價值觀與行為。在訓練的過程中，要每個人員陳述自己的看法和別人對他的看法，設法自行找出造成差異的原因，這樣開誠布公地討論，一直到尋找出「一致性目標」及偏差歪曲的原因為止。

教育訓練的另一項目的，乃在探尋人際間衝突的心理，觀察偏差的基本原因，以及心理的防衛機構，使得大家瞭解衝突情況的心理動力，同心協力地探討共同的問題。為求達到這個目的，雙方一定要有對方的正確資料。惟教育訓練的實施，有兩個先決條件：(1)人際間要能確定並承認衝突問題的存在；(2)衝突的個人願意接受訓練，來解除人際間的緊張情勢和不利的後果。

■ 實施角色扮演

降低人際間衝突的方式之一，乃為實施角色扮演。所謂角色扮演，就是製造一種生活情境，而要某個人扮演另一個人的人格特性之角色，用以溝通彼此的情感、觀念，改進他對他人的態度，以及應付人際關係的技巧。這樣設身處地扮演對方後，當更能瞭解對方的角色行為，實在是人格與環境交互作用的綜合結果；而體認對方的實際情況，使能消除彼此的誤解和敵對。角色

扮演的實施，不但可瞭解對方的困難與痛苦，尚可發洩自我的不滿情緒，進而培養良好的積極態度，減少相互的憤懣與不平，從而降低衝突的不良後果。

當然，上述各種方法並不是萬靈藥，有些措施只是暫時性的，只能有助於衝突的削減，並不能永久地解決問題。蓋其先決條件，乃是問題的解決要衝突的雙方出自內心的誠意，彼此承認問題的存在，並願意接受解決方案，以解除其緊張情勢與不良後果。

衝突行為的預防

任何社會中既不免有人際間衝突的存在，且其間衝突亦不易解決，則吾人可尋求防範未然的措施。蓋人際間衝突的解決，只是消極的方法，為治標之道，預防才是積極的措施，是治本的良方，亦即所謂「預防勝於治療」。因此，吾人寧可多做事先的預防措施，力求避免人際間衝突的出現，進而尋求人際合作的途徑。吾人擬提出一些步驟，以供參考。

■ 確立清晰目標

個人之間之所以相互衝突，有時是起自於目標的不一致；而目標的不一致，有時是由於整體目標不一致。因此，吾人欲避免此種原因所形成的人際衝突，首先得釐清明確的目標。根據研究顯示：當吾人能設立特定而清晰的目標，則個人的努力自然提高，且可免除一些含糊不清的情境，避免衝突的發生。通常要建立清晰目標，可實施目標管理。蓋目標管理的措施，需由全體成員共同訂定，如此可導致目標的協調性，減少對立現象的產生。

■ 強調整體效率

人際間衝突的原因之一，乃為專業性質的不同。吾人為預防

因專業性質不同與目標差異所造成的衝突，可強調整體效率，以及各個人對此貢獻的重要性；蓋個人效率若阻礙了整體效率，則無效率可言。此乃因效率的測量不能單從個人計算，應從整個的協調上觀察。唯有各個人相互合作和協調一致，才能建立整體的生產效率要求，並預防人際間的衝突。

■ 倡導相互溝通

當人際間相互衝突時，加強彼此思想交流與意見溝通，固可減輕衝突的壓力與不良後果；然其基本前提，需以個人間都具有溝通的誠意為主。事實上，當人際間發生衝突時，常產生情緒化的行動，很難以合乎理性的態度去解決。因此，吾人宜於平時就倡導人際間的高度溝通，以求互助合作，避免其間衝突問題的發生。一般言之，人際衝突部分既始於彼此溝通的阻礙；則吾人宜從這些根本原因著手，努力去克服這些障礙，以培養相互信任感，進而疏通意見交流的管道，則人際間衝突便無由產生。

■ 避免輸贏情境

組織為了追求效率，有時會鼓勵各個人相互競爭，甚而提供獎金以激發個人努力工作；然此舉極易造成相互競爭與衝突。在某些情況下，管理策略的運用是無可厚非的，但站在預防衝突的立場，至少要避免過分去強調輸贏得失，即使萬不得已，亦應以理性為基礎，訂立公平的競爭原則與公正的獎勵制度。倘若過分強調輸贏得失，得勝的一方固然欣喜，失利的一方必產生怨尤。準此，怨懟與破壞行動相對增加，只能增強相互衝突，反而抵消了吾人所強調的目標。是故，吾人應儘量避免強調輸贏得失，千萬不要促成各個人對獎賞的競爭，以免造成更多、更大的緊張不安。

■ 實施輪調制度

　　組織為了預防人際間衝突，有時可實施工作輪調制度，將各個人員互調，促進人際間的瞭解。蓋工作輪調制度的實施，可使個人增加不同領域的工作經驗，擴大其視野，使其見識不致囿於固定部門，而能孕育整體目標的一致觀念。因此，吾人惟有藉著工作輪調制度，才可避免人際間觀念的曲解，或對自我的盲目信仰，或對其他人的誤解，從而避免其間衝突。

■ 培養整體意識

　　預防人際間衝突的方法之一，乃為建立一個共同的心理團體，培養整體意識，產生人際間的心理結合。就整個社會而言，社會是由許許多多個人所組成的，對這些個人力量的整合就是集體力量。因此，整體系統的存在與維持，有時必須透過個人的反應與整體環境的修正，以求能得到整體的平衡。因此，整體環境是個人活動的情境。吾人必須提供個人交互行為的機會，以培養整體意識，則人際間的衝突或可因交互行為的瞭解，而消失於無形。

　　總之，人際間衝突是不容易解決的，吾人最佳的措施就是採取預防之道，多開放民主氣氛，增強相互溝通的機會，並強調整體效率，才能化衝突於無形。且人際衝突的原因並非完全來自於一些重大政策，有時一些細微末節的小事，也可能形成衝突。這是吾人不可不正視的問題。

第6章

人際關係的建立與維持

- 人際關係的理論基礎
- 人際關係的表現方式
- 良好人際關係的準則
- 人際關係的建立過程
- 人際關係的維持
- 人際關係的疏離

人際關係固然係奠基於個人與各項環境交互作用的結果，但也取決於個人的意願和展現人際交往的互動過程。個人既存在於社會之中，就不能不正視人際關係的建立與維持。蓋有了良好而和諧的人際關係，將有助於個人的生涯進展。本章首先將探討人際關係的理論基礎，從中瞭解人際關係是如何形成的；其次將研討人際關係的表現方式和準則，俾求個人能培養良好的人際關係態度；然後據以討論如何建立與維持良好的人際關係，從而展現出良好人際關係的行動，以求有助於個人的生涯發展，並達成其生涯目標。

第一節　人際關係的理論基礎

人際關係乃牽涉到人與人之間的關係，此種關係絕非靜態的結構體系，而是動態的人為體系。為了解說人際關係的本質，學者們乃提出各種相關理論，最主要的包括角色理論、需求理論、交換理論和平衡理論等。惟這些理論都只能解說部分人際關係的本質，而無法使吾人對「人際關係」作全盤性的瞭解。因此，吾人於研討人際關係的本質時，必須同時注意各個理論的論點，以作綜合性的瞭解。本節將論述各個理論，資供參考。

角色理論

角色理論主張人際關係係個人間角色運作的結果。所謂角色，是指個人在社會體系中據有某種地位而加以扮演而言。社會上不同的個人都分別扮演著不同的角色。例如，有人扮演父親的角色，有人扮演兒子的角色；有人扮演教師的角色，有人扮演學

生的角色；有人扮演主管的角色，有人扮演部屬的角色。凡此例子可說是不勝枚舉。此外，個人也常扮演著許多不同的角色。例如，某個人可能扮演父親的角色，同時扮演教師、牧師、議員、協調者等的角色。這些個別角色都可能涉及兩方面的期望，一為個人的期望，一為他人的期望。這些期望都來自於不同的個人本身或其他個人，以致形成不同且多元的人際關係。

依此，吾人在某種程度上都可依據個人所扮演角色，去預測他人將如何對待自己，或自己應如何去對待他人。例如，我們向警察問路，就可預期他會熱情地告訴我們。因為不管警察的個人性格是否善良，他為路人引路實際上顯示出他的職業角色。就角色關係而言，每個人不僅依職業角色而運作，而且其年齡、性別、社會地位等也存在著他人對他的行為角色之期望，以及自己對他人行為角色的期望。這些角色關係正足以分析個人的人際關係，此即為人際關係的「角色理論」之要旨。

需求理論

需求理論乃主張人際關係的建立與維持，最主要係建立在個人需求的基礎上。當個人覺得有與他人交往的需要時，則個人會與該人交往；否則，將不會與他人交往，由是而形成個人的人際關係。在人際交往的過程中，個人的人際關係不僅會受到角色運作的影響，而且受到雙方交往意願的左右。此即個人之間的需求決定了人際關係的建立與維持。這就是需求理論的要旨。

就一般情況而言，個人之所以願意與他人交往，基本上乃在說明他可從他人之處得到相當利益。這些利益可包括得到他人的協助，和他人建立親和關係，可表現自我成就，可從團體中獲得權力，可得到安全感，可顯現自我尊嚴；缺乏這些需求，個人將不會尋求與他人的交互行為，且難以建立或維持其人際關係。因

此，個人需求和願望實乃為構成其人際關係的基礎。這是人際關係「需求理論」的主要概念。

交換理論

交換理論主張人際關係的建立與維持，實繫於人際間行為相互交換的結果。在交換過程中，個人會估計其成本和報酬的關係，亦即個人會將對他人行為看成是成本和報酬的交換過程。例如，個人對他人表現善意的行為，即視之為人際關係中所投入的成本；而他人是否表現同樣或更多更少的行為，則視之為對個人的報酬。當成本和報酬之間有了合理的關係時，則個人將會加強其間的關係；否則，必減弱或消除其關係。因此，依據交換理論的觀點而言，人際關係的建立或維持，乃係建立在行為的成本與報酬之間關係的基礎上。

為分析交換理論，吾人從報酬中扣除成本，其剩餘部分即稱為成果，而判斷成果的標準，可分為比較標準和選擇標準。所謂比較標準，是指將個人的成本和報酬與他人比較，以判定其成果是否令人滿意，若其間成果是令人滿意的，則其較願意與他人交往；否則，個人必拒絕與之交往。至於，所謂選擇標準，是指個人會選擇成本和報酬的標準，據以決定是否繼續獲取成果的對人行為；若其成果令其滿意，則個人會建立和維持與他人的關係；否則，必降低或消除其間的關係。此外，個人若以比較標準而無法獲得滿意的成果時，有時會轉而採用選擇標準；即使對比較標準的成果不滿意，而對選擇標準的成果仍滿意，仍可能繼續維持其人際關係。此即為替代性標準或降低欲求標準，只要有足以維持滿意的條件，就繼續維持其關係。

平衡理論

平衡理論認為：人際關係是一種人際間的平衡關係，亦即主張個人會喜歡他人係因為他人也喜歡自己；反之，個人會討厭他人係因為他人也討厭自己；反之，若得知某人對自己有好感，自己就不會對那人生厭。該理論主張，自己對對方的好惡是和對方對自己的好惡相一致的。此種相一致的情況，即稱之為平衡狀態；而不相一致的情況，則稱之為不平衡狀態。不平衡狀態在心理上會造成不快，產生心理矛盾和失調，此時就有可能向平衡狀態調整。亦即個人在心理上處於不平衡狀態時，就會改變自己的情感和看法，以取得平衡狀態，從而調整其人際關係。

就平衡理論而言，人際關係的建立與維持，不僅取決於個人的心理平衡，而且也受雙方平衡的影響。誠如前述，個人心理的平衡將影響其情緒與情感，比較能維持和諧的人際關係；相反地，心理的不平衡因不快而容易引發誤解，將破壞個人的人際關係。此外，在人際交往過程中，雙方的平衡關係將促進彼此的瞭解與相互的吸引力；而雙方平衡的關係，必造成彼此的誤解與關係的失調。因此，平衡理論有時亦可用來解說人際關係。

總之，人際關係的建立與維持，係受到許許多多因素的影響的。就學理而言，人際關係有時是受到人際間角色運作的影響，有時則為個人需求或意願的結果，有時則受到人際交換過程和成果的影響，有時則為個人心理或人際的平衡所決定的。然而，若就行為的觀點而言，人際關係亦為個人與其環境交互作用的綜合結果。是故，人際關係其實是相當錯綜複雜的。

第二節　人際關係的表現方式

　　無論人際關係是如何形成的，都必須透過某些形式而表現出來，且人際關係並非都是正面的（positive）或良好的，有時也可能是負面的（negative）或不好的。然而，不管人際關係是正面的或負面的，良好的或是不好的，其本身都有它的功能或價值。如正面的和諧關係有助於人際間的合作，負面而不能和諧的關係可能破壞人際間的合作，但有時可能會修正個人的不當行為。不過，以學術中立立場而言，和諧的人際關係總是有較多的助益，故是可欲的；而不和諧的人際關係有較多的破壞，是不可欲的。本節僅就正面和負面的兩極論點，提出一些表現形式，資供參考。

支配與服從

　　在人際互動過程中最普遍存在的就是支配與服從的關係，此種關係可說散布在社會各個階層的互動關係中。在此種互動過程中，個人之所以能支配他人，乃是因為他擁有某些資源或具有某些能力或勢力，而足以影響他人之故。相反地，個人之所以願意順從他人，乃是因為他缺乏某些資源或不具能力而又有某些需求，故而願意聽命於他人的指揮。此種支配與服從關係，實具有互補作用，往往是人際關係中最常存在的一種表現方式。然而，支配與服從關係必須在交往的雙方都能得到需求的滿足時，才容易達成。不過，支配與服從顯然是人際關係的一種表現形式。

援助與攻擊

　　在人際關係中，另一種表現極端不同的關係形式，乃是援助

與攻擊。通常，援助是一種為人所喜歡的人際關係形式，而攻擊則為人所不喜歡的關係形式。蓋援助會使他人得到利益，而攻擊只會造成對他人的損害。就另一個角度而言，個人對懷有好感的人，會主動採取援助的行動；而對具有惡感的人，往往會採取攻擊的行動。因此，援助和攻擊正可顯現人際關係的好壞，且也是一種不同人際關係的表現方式。惟在日常生活中，個人若想建立良好的人際關係，而且在自己能力範圍內，宜多表現援助的行動，將有助於良好人際關係的建立與維持。

親睦與排斥

親睦與排斥，乃為人際關係中另一種不同的行為表現方式。通常，對所喜歡的人，我們會表現親睦；而對自己所不喜歡的人，我們會表現排斥或拒絕。同樣地，個人若為他人所喜歡，那麼他人就會表現親睦；而個人為他人所不喜歡，同樣會被他人所排斥。因此，親睦和排斥正足以顯示人際關係的好壞，且也是一種不同人際關係的表現方式。一般而言，親睦是為人所欲的，而排斥是為人所不欲的。因此，在人際相處的過程中，吾人宜多表現親睦的方式，以贏得他人的合作。

合作與競爭

合作與競爭，又是另一種表現不同人際關係的行為方式。合作有助於人際關係的和諧，且對個人是有益的；而競爭對人際關係固可能引發衝突，有時卻有助於個人的創新或成長。惟就人際關係而言，大部分人都希望合作而不喜歡競爭。蓋合作能促進人際關係的成長，而競爭可能引發人際間的仇視與衝突。因此，合作是可欲的，而競爭是不可欲的。站在人際關係的立場而言，吾人宜多培養與他人的合作關係，但偶爾做些良性競爭，亦有助於

個人的成長與發展。

和善與暴戾

　　和善與暴戾既是個人人格特性之一，也是一種不同人際關係的表現方式。和善可促進人際相處的和諧，比較爲人所接受，而暴戾可能破壞和諧的人際關係，是人們極力設法避免的。因此，在人際相處的過程中，吾人必須養成和善待人的習慣，而避免運用暴戾的方式。蓋暴戾的行爲表現，不僅無法增進與他人的關係，更在破壞個人的形象，將招致無法挽救的局面；而和善的行爲表現，不僅在建立個人的良好形象，使他人樂於與自己接近，且能建立與他人的相互信賴，更而促成與他人的親密關係。是故，和善和暴戾將形成不同人際關係的結果。

信賴與猜疑

　　信賴與猜疑，不僅是個人人格的特質之一，而且也是表現不同人際行爲的方式。當個人表現值得信賴的行爲時，將能使他人產生安全感，而能爲人所接近；相反地，猜疑的性格會使人深感不安，大家必然會避之惟恐不及，將很難與人交往。蓋人與人相處貴在眞誠，而一個有誠信的人是不會隨便猜疑的。因此，個人在與他人交往或相處時，必須多培養赤誠的心，才能與人和睦相處；否則，過多的猜疑必然招來怨懟，而無法取得他人的信賴。

容忍與抗拒

　　容忍與抗拒同樣各是一種人格特質，但也是表現不同人際行爲的方式。一個事事容忍的人較能爲人所歡迎，而事事抗拒的人將爲人所排拒。當然，過度的容忍可能會引發他人的得寸進尺，故在與人相處時，只能作適度的容忍，卻非毫無條件的讓步。但

是抗拒則不同，不管是輕度的抗拒或重度的抗拒，一般都不是爲人所歡迎的，除非此種抗拒是合理、合法或爲社會團體規範所允許的爲例外。因此，個人在人際交往或相處過程中，實宜多持適度容忍的態度，而排除事事抗拒的習慣。

開放與保守

　　開放與保守各是一種個人性格。凡是具有開放性格的個人，常能敞開胸懷與人交往，且能事事不計較，常持樂觀的看法，而爲人所樂於親近；而一個具有保守性格的個人，思想多封閉，較多持有悲觀的看法，凡事無法邁開大步以興利除弊，較少得到他人的贊同。因此，具有開放性格的個人和具有保守性格的個人，將形成不同的人際關係。是故，個人要想建立寬廣的人際關係，必須多培養開放性性格，而革除保守性性格。

　　總之，不同特質的個人常形成不同的人際關係。本節只論列前述各項，資供參考。其他如誠實與狡猾、尊敬與輕蔑、明理與蠻橫、耿直與虛僞、開朗與憂鬱、高尙與卑鄙、坦率與圓滑、自動與被動、獨立與依賴、友善與仇視、優越與自卑等，都各是一種極端不同的人際行爲表現方式。一般而言，這些極端不同的人際行爲方式，有些是可欲而爲人所喜歡的，有些是不可欲而爲人所討厭的；惟其中雖爲極大差異的行爲方式，但卻是具有互補性的，此則爲個人在建立與維持人際關係時所必須斟酌的。易言之，在人際關係的運行中，有些行爲表現雖不是可欲的，但卻是某人所需要的，此時則無礙於其人際關係的進行。

第三節　良好人際關係的準則

　　學者對人際關係的形成，有不同的看法，以致出現各種不同的理論。惟良好人際關係的建立與維持，大部分係取決於個人的自我，只有個人具有和諧的性格和意願，有了正確的認知，培養穩定的情緒與情感，且肯在人際交往中努力學習相處之道，如此才能奠定人際關係的良好基礎。有了這種基礎，則個人在遭遇到各種情境的變化，都不容易產生對他人的偏見和成見，如此自然會較佳的人緣，且能與人為善。因此，吾人擬提出一些良好人際關係的準則，以提供參酌。

探求人性奧秘

　　個人要想建立或維持良好的人際關係，就必須能瞭解人性，掌握到人性的優點和弱點。例如，人性都有善良的一面，只要經過催化，就能使之充分發揮出來，甚而達到極致；此時，吾人可運用多鼓勵、多誘導的方式，庶可建立起密切的關係。相反地，人性也有醜惡的一面，此時就必須採取不要太在意的態度、多寬容、多體諒、多包涵，日久之後對方必能心存感激，而視你為好友。所謂「隱惡揚善」，不僅在彰顯自己的寬大心胸，且能結交更多的好友，卒能建立更寬廣的人際關係。

培養敏銳知覺

　　在人際相處過程中，個人有較敏銳的知覺，且能心存「與人為善」的念頭，通常都比較有良好的人緣，並能建立寬廣的人際關係，甚而成為群體的領袖，而能帶動他人的行動。因此，敏銳的知覺往往是良好人際關係的基本條件之一。個人若要建立與維

持良好的人際關係，就必須培養敏銳的知覺和觀察力，才能瞭解他人的真正意念與動向，從而能採取合宜的配合行動，以取得他人的信任，並贏得好感。是故，培養敏銳的觀察力，並養成良善的知覺，是維繫良好人際關係的基礎。

健全自我人格

在人際相處之中，有了敏銳的知覺，仍然是不夠的；最主要的是需有健全的自我人格。蓋個人的為人處世之道，實乃奠基於自我人格之上。一個有健全人格的個人，較易與人相處；而一個人格不健全的人，本位主義較重，且常存私心，將無法與人和睦相處；尤其是具有侵略性性格的人，必處處與人為敵，很難與他人交往，且不容易建立起良好的關係。因此，自我人格的健全實為良好人際關係的基礎之一。

養成成熟性格

成熟性格是穩定情緒的先決條件，而穩定的情緒是人際關係的根本。一個具有穩定情緒的個人，較易為人所接納，且能與人長久相處；相反地，不具穩定情緒的個人，他人必避之惟恐不及。因此，培養成熟的性格和穩定的情緒，是建立良好人際關係的基礎。個人不管在日常生活或工作中，都難免遇到困境，尤其是來自於人為的壓力，此時就是考驗個人性格的時機；個人處於此種環境時，若能圓熟地善加處理，必可化解衝突於無形，而贏得他人的掌聲與支持，此對個人人際關係的建立與維繫，必大有助益。是故，個人宜於平時多培養挫折忍受力（frustration tolerance），養成成熟的性格。

認清個別差異

　　一個具有成功人際關係的個人，除了懂得作自我要求之外，尚必須能體察他人的自我。此時，個人須能認清個別差異的存在。蓋生存於社會之中的各個人，都有他們自己的不同遭遇。一個人自出生以來，即受到不同遺傳、環境、學習與生理成長等諸多因素的影響，以致常形成不同的人格特性；而個人若要廣泛地結交各類型的朋友，以擴展其人際關係，就必須體察個別差異的存在，採取各種不同的應對態度，俾求能作最合宜的因應。

尊重他人人格

　　個人在與他人交往的過程中，時時刻刻必須尊重他人的人格，才能贏得他人的好感，取得真正友誼。在人際關係建立的過程中，只瞭解個別差異是不夠的，最重要的就是真心誠意地付出，尊重他人的人格尊嚴，如此才能在人際交往的過程中無往不利。蓋每個人都有獨立的尊嚴，而每個人的人格都是平等的；即使個人之間有地位的高下、待遇的多寡、權力的大小，但其人格實無貴賤尊卑之分。個人若能持此理念，必能平等對待他人，相對的也能取得他人的尊重，此對人際關係的建立與維繫必大有助益。

善用人際影響

　　人際關係既是人與人之間的關係，有時透過人際影響的運作，也能改變兩人的原有關係。所謂人際影響，是指個人因他人所期欲的反應而發生行為的變化而言。亦即指一個人受到他人的勸誘，而順從勸誘者的價值觀、規範與標準，而從事勸誘者所期欲的目標之追求。因此，人際影響乃包括影響者和被影響者的交

互行為。此種交互行為對彼此關係的建立有直接的影響。個人若欲與他人建立成功而和諧的人際關係，就必須善用人際影響，以增進彼此的共同瞭解，並產生一致的親密行動。

培養社會群性

社會群性本是人類生存的自然本能，缺乏此種群性，人類必很難生存。在人際交往過程中，個人具有社會群性，比較能與人合作，重視團隊精神。因此，培養個人的社會群性，當有助於個人人際關係態度的養成。蓋個人有了群性，較容易欣賞別人的優點與長處，而不會重視別人的短處與缺失，則能培養寬容的氣肚，自然易於與他人相處，且從中得到良性的互動。因此，培養社會群性，實是建立良好人際關係的基礎之一。

尋求共同瞭解

在人際相處的過程中，個人之間有了共同的瞭解，乃是促進彼此交往的潤滑劑。因此，人際關係的準則之一，乃在尋求人際間的共同瞭解。蓋有了共同瞭解，人際間始有進一步交往的可能性；一個缺乏相互瞭解的環境，很難彼此之間產生相互的信任感，自然無從建立起人際交往的基礎。當人們在相互瞭解之後，彼此將能相互信任，即使有了一時的誤會，也可因之獲得諒解；但如果沒有相互瞭解的基礎，則即使是小小的誤會，也無法維持繼續的交往。是故，尋求共同的瞭解，在人際關係中是必要的。

重視人際溝通

人際關係既是人際間交往的過程與結果，則人際關係的好壞乃受到人際溝通的影響。蓋人際溝通乃為尋求相互瞭解的途徑，人際間的相互瞭解係透過良好的溝通而達成的，一個溝通不良的

情境是很難得到相互瞭解的。因此，吾人要想建立和維持良好的人際關係，必須做好人際的溝通；惟有人際溝通順暢，才不致引發誤解。畢竟人與人之間的交往，是依靠溝通而維繫的；沒有了溝通，就沒有所謂的「交互行為」。雖然前面討論許多人際關係的準則，但人際溝通才是最重要的。此將於下一篇作較完整的進一步解說，此處先不贅述。

　　總之，人際關係的建立與維持，必須遵守一些重要標準；根據這些準則，個人才能賴以發展其人際關係。蓋人際關係是需要用心加以經營的，沒有善加經營的人際關係是不容易成功的。雖然在社會生活中，人際關係是自然形成的，以致人們常視之為理所當然之事，而未特別加以重視；然而，人際關係事實上正影響著個人的生活步調與職業進展，進而左右一個人的一生。因此，吾人不能不加以正視。

第四節　人際關係的建立過程

　　人際關係之所以形成，乃始自於人與人之間的接觸；缺乏人際間的接觸，殆無人際關係可言；然而有了人際關係的接觸，並不保證會建立起人際關係，因為人際關係仍需依賴彼此的交互行為，始有存在的可能。因此，人際關係的建立乃肇始於人際間的互動。由於人際互動的良窳，為決定人際關係好壞的關鍵，故而個人除了宜遵守良好人際關係的準則之外，亦應重視人際關係的建立過程。個人在建立人際關係的過程中，每個階段都必須能遵守一些原則，才能維持良好的人際關係。本節首先將討論人際關係的建立過程（如**表6-1**），下一節則探討人際關係維持之道。

表6-1　人際關係的建立過程

發展階段	主要特徵
初識階段	初次接觸，談話生疏，只作禮貌性客套談話，以致互動不豐富、無效率。
試探階段	開始探索彼此個性，行動較自然而平順，對表面化話題會比較開放。
親密階段	雙方己日漸熟識，且能相互影響，交談內容豐富而有趣，彼此相互吸引，行動一致，心靈相通。
穩定階段	雙方溝通已達極致，看法一致，而對對方的瞭解很穩定，接觸頻繁，話題多元，自我開放已達到一定時點。

初識階段（orientation stage）

　　人與人之間在初次接觸時，並不熟稔；但經過交談、打招呼、點頭、微笑等動作之後，將漸漸熟悉，而有了初步的瞭解，如知道對方的姓名、住家等初步資料。有些則間接由第三人處得知更多對方的資料，如身分、職業和其他，以期對對方能有更進步的認識。人際關係在初識期，彼此互動並不豐富、不突出、無效率，且對對方無所謂評估或替代性，只談一些表面化的訊息，其行為模式相當客套而標準化，如握手問候、客氣相待等。易言之，人們在此時所表現的回應十分普通、刻板，且對社會合宜性的規則相當敏感。

　　在實務上，人們初識時會主動發起談話，並尋求認識他人或想瞭解他人是否想認識自己，他會提出下列問題：「我要如何認識這個人嗎？」「這個人想認識我嗎？」這些都會促使自己注意到

他人或吸引他人注意到自己。當然，該階段乃出自於彼此的接觸，若沒有接觸，人際間是不會有所謂「關係」的產生。不過，此時人際間僅止於認識而已，而沒有在認識或問候之外的更深入談話。

試探階段（exploratory stage）

人際關係在經過初識之後，若仍有繼續維持的機會，將進入試探階段。此時，人們將維續交往，而相互探察彼此的特性。由於個性上的透視化，有些關係的獨特性、豐富化與效率將一一呈現出來，以作為日後相互瞭解的基礎。此時，非口語的行動較為自然而平順，且在彼此之間能趨於一致，而對於表面的話題會比較開放些；然而有些關係到了此一階段就不再增進，此乃因尚未進入親密期之故。

該階段又可稱之為實驗階段（experimenting stage），人們此時可能交換姓名等資料，如「你叫什麼名字？」、「你在何處高就？」等是。在此階段，人們會有一段小小的對話，他們不在尋求立即發現他人的自我，而只是表達自己的社交能力和展現互動的方式，例如，「你會打牌嗎？」、「你平常都做些什麼活動呢？」等等問題。雖然這些對話看起來很無趣，但卻能維持人們大部分的人際關係，以作為發展更進一步關係的跳板。

親密階段（affective stage）

當人們在經過彼此的試探，而有繼續交往的機會和意願時，人際關係將進入親密的階段。此時，雙方已日漸熟識，且能相互影響。當雙方在交談時，其溝通內容豐富而順暢，且有效率，而替代性溝通方式也增加了，如使個眼色就能心領神會。在該階段的交互行為是同步的，彼此之間少有溝通的障礙，而能容納更多

的互援性與交替性;亦即交談的內容逐漸趨向多元化,且彼此的認同度逐漸遞增。

該階段的人際關係除了知道對方表面的訊息之外,已有了親近關係,包括個人自我開放的增加、使用「我們」的字眼,直接交換彼此的感受、非正式的稱呼、口語用詞趨向簡略等,此時雙方都能明白彼此的用語,並使用肢體語言相互溝通。實際用語如「哥兒們」、「我們去游泳吧!」、「週未我們爬山去!」、「我覺得你很棒!」等等。另外,該階段的人際關係是整合的,彼此之間會發展出共同的態度、信仰與活動,非口語行為的同步性很高,表現一致的行動,有共同的活動與場所,穿著相似格調的服飾,且表現相同的談吐。

穩定階段(stable stage)

當人們交往到相當時期之後,其間的人際關係將進入穩定的階段。此時,所有的溝通都已達到極致,雙方的溝通極有效率,彼此的看法在許多方面都很一致,且對對方的個性都有更深一層的瞭解,能深入探討對方性格最隱密的部分。由於雙方能相互瞭解,接觸的頻繁度與話題的實施度更隨著關係的進展而增加。然而,所有的關係並不都是簡單的直線形式,在形成高度親近關係之後,人際關係將逐漸呈現停滯或穩定的狀態。易言之,人們在交往一段時間後,自我開放、表達肢體語言的暗示性,有效使用訊息的準確性,並非持續不斷的,在關係成長到一定時點後,就不再繼續增進而呈靜止狀態。

總之,人際關係的建立有其各個發展的階段,除非在整個關係的建立過程中發生中斷,否則這些階段應是連貫而漸進的。然而,人際關係由生疏直到親近,有八種指標可用來判定其間的親疏,這些指標包括:

1. 互動的豐富性：是指交互行為時話題的多寡與廣度的大小而言。凡是話題愈多、廣度愈大，表示其間的交往愈親密；反之，則愈生疏。

2. 交往的獨特性：是指兩人的交往有別於他人或其他團體的特質而言，如兩人交換訊息，只有彼此能瞭解即是。凡是兩人交往愈獨特，則親密度愈高；反之，則愈生疏。

3. 訊息的效率性：是指兩人交往時互換訊息的精確度與敏感度而言。凡是訊息交換愈精確且敏感度愈高，不需多作補充時，則其親密度愈高；反之，則愈低。

4. 溝通的替代性：是指兩人在作溝通時，可用來代表相同感受的各種替代方法而言。凡是溝通的替代性愈高，即表示其親密度愈高；反之，則愈低。

5. 行動的一致性：是指雙方在交往時，是否能不經意地採取共同行動而言。此種行動可能是步調一致或同時發生的。凡是雙方行動能同時發生或步調愈一致，即表示雙方關係愈親密；反之，則否。

6. 舉止的透析性：是指雙方的舉止是否透明或開放而言。凡是雙方在交互行為時，愈透明或愈開放，即表示其關係愈親密；否則，即表示愈生疏。

7. 互動的自發性：是指雙方在溝通時是否具有創新和自動自發的能力而言。凡是互動的自發性愈高，即表示其間的關係愈親密；否則，將愈生疏。

8. 相互的評估性：是指雙方在交往時，是否具有相互指出對方優缺點的程度而言。凡是愈能指出對方優缺點的關係，則其間必愈為親密；反之，則愈為生疏。

根據上述八項指標，吾人可觀察出個人人際關係的親密度或

表6-2　測度關係親密度的指標

> ◆ 互動次數、頻率和持久性
> ◆ 溝通深度
> ◆ 預測、瞭解、追蹤對方心意的能力與程度
> ◆ 對方願意投入關係的程度
> ◆ 相互依賴性與感受度
> ◆ 對彼此關係的興趣程度
> ◆ 對正面情感，如關懷、承諾和信任的感受程度

生疏度，依此亦可判斷個人和他人人際關係的發展已到達何種程度。此外，測度人際關係親密度的指標，亦可依**表6-2**所示。

第五節　人際關係的維持

　　人際關係的建立取決於個人的意願與機緣，而人際關係的維持往往只決定於個人的意願。惟個人是否願意維繫某種關係，常受到雙方關係是否平等對待的影響。根據研究顯示，人際關係的維持與關係中的回饋和公平性有密切的相關性。在人際相處的過程中，倘若個人認爲他會平等地對待自己，則繼續交往的可能性較高；否則，個人必降低或中止自己與他人的關係。所謂平等（equity），是指兩人交往時彼此付出與獲得的對等比較，此種付出與獲得乃包括物質的和精神的，甚且是心靈上的感受。在個人感受到對方不平等的對待或所得回饋較少時，個人必會降低繼續

交往的意願。只有在感受到平等的對待或回饋時，個人才會提高維持雙方關係的動機和意願。此乃因平等地付出和獲得，會提高關係中的承諾、快樂和親愛之故。

據此，個人要想維持和他人的關係，必須注意維護平等的付出與回饋，如此才能維持正常的人際關係，進而增進彼此良好關係。當然，個人若願意作更大的付出，而不計較其回報，乃是一種崇高的德行。然而，在實務上，一般人很難做到這一點。為了維持正常的人際關係，個人最好能採取務實的做法。一般而言，個人為維持正常的人際關係，可採取下列策略或措施。

表達明確信念

維持正常人際關係的方法之一，就是表達明確的信念。當個人的信念和思想很明確時，較容易得到他人的信賴，如此會使雙方獲得應有的承諾，有助於雙方關係的未來發展。朋友之間表達明確信念的方式，包括情感的支持、相互的信任，以及在需要時能加以幫助，這些都可在口語和行為上表現出來。易言之，在人際交往過程中，個人若能表達確定性的言行，可使對方得到安全感，此有助於雙方友誼的增進，使得溝通更能順暢，彼此提供對他方需要的幫助。

秉持開放態度

所謂開放性態度，是指雙方能明確地討論他們關係的本質。當人際之間採取開放性態度時，雙方會交換彼此的感受、探討對方的感受、討論共同的目標，並作不斷地交談，以維持彼此的關係。一般而言，雙方都能採取開放性態度，不僅能維持雙方的關係，且有助於形成更好的友誼；相反地，若無法採取開放態度，而想要維持一個滿意的關係，是相當困難的。不過，過度的開放

有時會損害到雙方的關係，此乃因過度的表露可能會刺傷對方的自尊心或失去對對方的吸引力之故。此外，對於禁忌的話題、易引發爭執的話題，以及負面價值的話題，都應避開，更不宜持開放性態度。

採取正面回應

所謂正面回應，是指雙方在交談時，能作愉快的談吐，態度謙虛誠懇，並能提出正面而積極的建議，避免負面的批評。正面的回應是維持良好關係的有效方法。通常，人們都有一種習性，就是較易接受自己喜歡或喜歡自己的人、事、物、言詞等，而討厭或排斥自己所不喜歡或不喜歡自己的人、事、物、話題等。因此，個人採取正面回應，常能增進對方的回饋程度。至於，表現正面回應的方式，可包括表達情感、風趣，分享內心的感覺，且能採取主動，這些對他人較易具有吸引力，從而可增進彼此之間的關係。

拓展社交網路

人們用來維持人際關係的策略之一，就是拓展社交網路。此種方式乃是運用第三人的關係來增進個人與第二人的關係。換言之，個人為建立或維持與他人的關係，有時可透過個人的社交網，如個人的朋友和家人，而進行或改善他與他人的關係。當然，個人與他人的關係也可能增進個人的人際網，如擁有或分享共同的活動和社交圈。一般而言，能建立共同社交圈的人比沒有共同社交圈的，較能夠藉此而維持其間的關係。亦即具有社會支持的人際關係，相形之下比較穩定；此乃因社會網能減少人際關係的不確定性之故。根據學者的研究顯示，當朋友之間的社會網相似且互有交集時，其間的關係更為穩定。因此，個人若能運用

「朋友的朋友」之關係，更能瞭解或增進他與他人的關係。

分享生活情趣

　　個人要想維持與他人關係的另一種方法，就是和他共同分享生活的情趣。此乃為個人與他人在相處時，能共同討論日常生活上的事物，採取幽默而愉悅的態度，提高共同話題的活潑化與趣味性，甚至對於工作上的情節，也可提供分享或分擔。當人際間願分擔彼此的責任或憂慮時，有助於雙方關係的平等性。為維持和諧和平等關係的方式之一，就是藉著日常生活或工作中的期望與樂趣而展現出來的。因為生活或工作中樂趣的分擔和分享，就是一種關係的象徵，依此而顯示出個人對他的關心，並形成相互依賴的關係。

　　總之，個人想要與他人維持正常或良好的和諧關係，就必須尋求各種策略和方法，以增進彼此的關係。一般而言，人際關係的建立並非一蹴可及的，它是要經過長久的經營，且出自於真心誠意的付出，才會有深交的可能。然而，在實務上，付出與獲得常無法保持平衡，以致人際間常出現裂痕，而造成疏遠的關係，下節將進行這方面的討論。

第六節　人際關係的疏離

　　人際關係有時是可運用增進的方式努力去維持的，但有時卻是無法掌控的，這就是所謂的人際疏離（de-escalation）。疏離是指降低關係的親密程度，甚至中止或完全結束雙方的關係。惟造成疏離的原因，有時是刻意的，有時是非刻意的。前者是指拒絕與之交往，亦即為所謂的「絕交」，如離婚即為其例；後者是屬於

自然分開，如搬家、畢業、分別就業或認識新朋友而自然疏離等是。不管人際疏離的原因為何，對個人來說，都不是一件愉悅的事。它有時可能會擾亂個人的情緒，甚至於影響個人日後的發展；但有時則可能因人際的疏離，而促使自我重生，並對人生作重新的適應與自我調整。因此，人際疏離有時不見得會產生不利的後果，其端視個人的適應能力與情況而定。

人際疏離大多屬於刻意的分手，其原因甚多，如自我封閉、個性不合、志趣不同、刻意的成見和偏見、交往不深、聚少離多、不平等的對待、要求獨立自主、相互妨礙、旁人作梗、違背相互義務、缺乏信任、第三者介入、缺乏共處時間、粗暴無禮、狂妄自大、個性缺陷、表達失當讓對方失去面子、占有慾太強、嫉妒心太重，可謂錯綜複雜，不一而足。這些原因可能單獨出現，也可能同時出現，當多重原因同時出現時，將加速疏離的速度。

當個人基於前述原因，而擬與他人結束關係時，首先將面臨內在心靈的衝突與掙扎。此時，個人會比較他與他人的關係、比較關係中的伴侶與其他對象等，且會評估、監督伴侶的行為，思考改善關係的結果，並說服自己分手比維持關係好。其次，兩人將面對彼此關係的不滿意，並加以討論，其包括向對方坦白關係的不滿；直接向對方表達不愉快的情緒；評估繼續關係所需付出的代價；評定對方對關係的看法；應付對方的回答、藉口、道歉；考量其他處理關係的方法；選擇修復或解除雙方關係。再次，雙方會在公眾面前顯現關係的不快樂，而尋求他人的建議或協助，或請求他人作調整。至於自身方面則考慮角色的轉換，陳述分手後的態度，並尋求在分手後能得到其他人的認同；責怪他人，保留自己的面子；評估分手後的結果。最後為正式決裂，此時的言行包括相隔較遠，避免直接接觸，較少注視對方，且不傳

表6-3 人際疏離受創時個人行為的反應

各個階段	行為表現
第一階段	震驚、麻木、困窘。
第二階段	驚慌、絕望、自暴自棄、無助、精疲力竭。
第三階段	自我檢討、追想原因、清晰思考、接受事實、接受責備、擔起責任、增強自我、解除緊張。
第四階段	改變習慣、重新出發、調整自我以符合現實的期望。

達顯示情感或親密行為;此時也可能試探重新建立新關係,但由於補救困難,甚至不可能達成,終至結束關係。表6-3乃在顯示人際疏離時受創者的各種行為現象。

在結束關係時,想要結束關係的一方,會感受到精神上的解脫或慰藉;而不想結束關係的一方,則感覺到沮喪、氣餒、灰心喪志。若以平等理論來說,感受到平等或占盡便宜的一方,或許有些報復性的安慰,但也產生了罪惡感;而受傷害的一方初起會感受到生氣、憤怒,接著是苦惱、不愉快、不滿,而有了報復的念頭。然而,這些常隨著個人的人格特性與當時的情境有了變化而定。例如,受傷害的一方在感到憤怒之後,因有了新朋友且遇到了好人,反而轉為喜悅快樂;或得利的一方因重新建立關係時,感覺到新人不如舊人,將轉變為生氣或惋惜即是。

一般而言,在人際關係疏離過程中,會感到沮喪的,都是未受益的、較多承諾的、盡心盡力較多的、和想努力維持關係的一方。此時,沮喪的一方很難調整負面情緒,沉迷於自憐和自艾自

怨當中，暫時不會參與其他社交活動，較難在創傷中恢復自我。不過，也有人會規劃和處理自己的創傷，設法調整自己，找尋自己所喜歡的人，並參與其活動。

　　總之，人際關係的維持或疏離，很多都取決於當事者的個人心態，甚至於即使是疏離，其情況的好壞也常由個人的自我所決定。當個人在遭遇到人際疏離時，必須設法作自我調適，以適應新生活。在一般人際交往過程中，個人最好能使用正面的字眼與語調，避免運用強辯、操控或獨斷的策略與方式；同時能平等對待他人，找尋較能尊重他人的人為友；多作自我的情緒管理，多尊重他人，體諒他人，則人際關係當不致疏離。

第三篇

人際溝通

　　人際關係固然受到個人意願以及各種情境因素的影響，惟人際溝通實為其關鍵性因素。當然，人際溝通同受到個人意願與人格特性的左右，以致人際溝通和人際關係乃互為表裡。就一般情況而言，一個人人際關係的好壞與其溝通能力的強弱具有若干相關性；凡是溝通能力愈強的人，其人際關係較佳；而溝通能力越弱的人，其人際關係往往較差。當然，其間仍會受到其他因素的影響。然而，此雖非絕對的，但其間的關係極為密切。因此，本書於前篇討論過人際關係之後，本篇將接續探討人際溝通。首先，吾人將討論人際溝通的基本概念，然後研析人際交流分析的運用，接著研討人們常用的溝通方式；人際溝通的可能障礙，以及如何培養良好的溝通能力，以建構良好的人際關係。

第**7**章

人際溝通的本質

- 人際溝通的模式
- 人際溝通的原則
- 人際溝通的特性
- 人際溝通的功能
- 發展溝通能力

人際溝通實是培養人際關係的重要橋樑。一個人溝通能力的強弱往往左右其人際關係的好壞;有良好溝通能力的個人,常能擴展其人際關係,而缺乏溝通能力的個人,其人際關係常顯得狹隘。因此,人際溝通能力對個人來說,是相當重要的。有關人際溝通的定義,已於本書第一章有過詳細的討論,本章將只探討人際溝通的模式、原則、特性、功能,然後據以分析發展人際溝通的能力。

第一節　人際溝通的模式

　　人際溝通是人際關係的基石,蓋溝通是一種傳達訊息的行動或動作。它乃是透過符號或語文的運用,以傳遞必要的訊息,來尋求共同的瞭解,故能增進良好人際關係的建立與維持。惟溝通永遠涉及兩個人或兩個人以上,其一為傳達者,另一為接受者。在此種過程中,尚涉及表示作用、溝通內容、溝通媒介、收受作用、所期欲的反應以及可能遭遇的障礙等。另外,溝通必處於一定的情境之中,故而也受到情境的影響。茲分述如下:

溝通源流

　　所謂溝通源流(source),即是溝通者(communicator),就是發動溝通想表達意識或意見的個人。此人想把訊息、意識、信念或相關資訊,傳達給他人,並希望他人能作合理的回應,至少也希望能獲得他人的瞭解。不過,此種由溝通者所傳達的相關資訊,通常都帶有他個人的基本特性。由於每位溝通發動者的人格特性不同,以致溝通的過程和結果必不相同。這些特性包括溝通

者的性別、年齡、生理體能、知識、思想、情感、個性、價值觀、自信心、過去經驗和溝通能力與溝通技巧皆是。

表示作用

所謂表示作用（encoding），或稱之為編碼，乃是溝通者將其理念、想法、情感或資訊，轉化為一套有系統的符號之過程，此即表示溝通者的意思或目標。表示作用的結果，就是在形成訊息，其可包括口頭上或非口頭上的。溝通者的目標，就是想要他人瞭解其理念，並能瞭解他人的理念，或接受理念，而產生所期欲的行動。

溝通內容

溝通內容就是溝通的訊息，包括所要溝通的態度、觀念、需要、意見等，這些都具有相當的意義性，其可經由口頭、肢體或書面表達出來。訊息是實際溝通的產物，如說出的語詞、寫出的文句、繪出的圖形、面部表情、手勢、姿勢等均屬之。其涉及三項問題：(1)為所使用的符號，如語言、音樂、手勢、藝術等；(2)內容的安排，即觀念的組織化，如文字語詞的先後順序、啟承轉接等是；(3)內容的取捨，即訊息為雙方所瞭解的程度，故宜增加正確性，減少干擾或誤解即是。

溝通媒介

溝通媒介是訊息傳達的工具，或可稱之為溝通管道，其包括面對面的溝通、電話、團體會議、備忘錄、報表、各種視聽工具等均屬之。無意義的訊息可透過比較不明顯的工具來傳達，如不為人所接受的訊息、不想追求的目標以及不想使用的方法等，都可能以寂靜或不活動的方式來傳送，此乃為無形的傳遞媒介。近

來所討論的肢體語言，少有溝通媒介，但卻是一種相當普遍的溝通方式。

溝通的接受者

溝通接受者是溝通的對象，它可能是個人或團體。溝通接受者會受溝通技巧、態度、經驗和社會文化系統等的影響。接受者的個人特質與人際關係，亦會影響其接受或瞭解溝通與否。接受者若存有心理距離，必然排斥溝通。

收受作用

收受作用（decoding），或稱譯碼或解碼，乃為接受者接收訊息內容的程度或過程。通常接受者會依據他過去的經驗和參考架構（frames of reference），來詮釋或收受該訊息。凡收受的訊息和溝通者的意識愈一致，則溝通愈有效。

所期欲的反應

任何溝通若無法得到回饋，就不能算是溝通。不僅如此，溝通還應能得到所期欲的反應，才是真正的溝通。蓋溝通的目的即在希望得到所期欲的反應，此種反應可能成為第二循環的訊息源流，使原來的傳達者變成接受者。如此可測試原來所要溝通的內容是否正確或被接受，甚而可修正溝通的方式與內容。

溝通障礙

在整個溝通過程中，從溝通者發動溝通到回應者作出回應為止，都可能遭遇到障礙，此種障礙可能來自溝通者或回應者，也可能來自於溝通過程中的任一環節。無論溝通障礙的來源為何，它都可能產生誤解，甚或發生衝突，終而阻礙溝通的進行。因

此，所有的溝通都必須設法排除任何可能的障礙，如此才能使溝通工作順利進行。此將另列專章討論之。

溝通情境

人類的任何活動都必須處於某種情境之中，人際溝通亦然。溝通情境會影響參與者的期待、溝通接受者對意義的接收及其後續的行為。這些情境包括：物理的、社會的、歷史的、心理的以及文化的情境。物理情境如溝通者之間的位置、身體距離、溝通時間，以及自然環境如熱度、光度和噪音等，都會影響溝通者的期待。社會情境包括家人、朋友、同事、熟識者、陌生人之間的互動。歷史情境指個人過去所遭遇的事以及過去的溝通經驗。心理情境是指溝通者當時的心情和感覺。文化情境則影響溝通者之間的共同信仰、價值觀和行為規範等。上述這些情境乃共同組合成溝通時的情境，並影響溝通雙方的行為與結果。

總之，溝通就是在將個人的感觸、意見、態度、情緒等表達出來，透過某些媒介或工具，而得到共同瞭解的過程。任何人在作溝通時，都必須注意影響到溝通的所有要素，隨時注意誰願意溝通，表達什麼思想、觀念和意見，以何種方式作溝通，而希望得到什麼效果，才能做好溝通的工作。

第二節　人際溝通的原則

人際溝通既是人與人之間尋求相互瞭解的過程，則為求溝通的有效性，必須遵守一些原則。這些原則是可欲的，卻不是絕對的。因為人類行為本身即具有複雜性，有些行為是「遇強則強」，有些行為是「遇強則弱」，有些行為是「遇弱則弱」，有些行為卻

是「遇弱則強」，其常因個人的習性與環境的影響而有所不同。然而，在基本上人際溝通是達成人際關係的工具，吾人若想要建立良好的個人關係，就必須善用人際溝通，且遵守一些原則。本節僅列幾項原則，資供參考。

訂定溝通目標

任何人際溝通都是有目的的，有些目的是要請求協助，有些目的是要化解誤會或衝突；不管溝通的目的是正面或積極性的目標，或是負面或消極性的目標，都必須尋求溝通的途徑，才能達成。吾人在作溝通前，首先必須認清溝通的目標何在，掌握溝通的主題。只有釐定溝通的目標和主題，才不致擦槍走火，引發更多而不必要的誤解。因此，訂定溝通目標，是吾人在作溝通時首要掌握的原則。

重視個別差異

每個溝通者或溝通對象都有他們不同的個性，此種個性常影響溝通的成敗。西諺有云：「一人的食物，是他人的毒藥。」對某個人來說，一句話可能只是微不足道的笑話；但對另一個人來說，卻可能視之為一種奇恥大辱。因此，吾人在與他人作溝通時，必須考量他人的特性及其所處的環境。例如，某個人正處於逆境時，是很難接受他人的讚賞的，此時他將會解讀為諷刺；相反地，某個人正處於順境時，即使是諷刺也可能解讀為讚賞。是故，重視個別差異與考量個別處境，也是人際溝通所必須遵守的原則之一。

尊重彼此感覺

在人際溝通的過程中，除了必須重視個別差異之外，尚須尊

重他人的感覺。事實上，在人際相處時，彼此的感覺很重要，它往往是選擇溝通與否的最重要關鍵。在人際交談時，若個人的感覺很好，他將會準備繼續交談；若個人的感覺很差，他必會中止交談或藉故離開。因此，個人和他人溝通時，必須提高自我的敏銳性，以體察他人的感覺，俾作最佳的因應。

注意肢體語言

有些溝通並不是直接由語詞或文字顯現出來的，而是由個人的肢體動作、面部表情或各種姿勢而呈現的；甚至於個人常基於人情、壓力或其他情勢，而表現出口是心非的態度，此時惟有透過對肢體動作的觀察入微，才能體會箇中的涵義。因此，吾人在與他人進行溝通時，必須提高自我的敏銳性與洞察力。例如，某人雖然表面上未拒絕與你閒談，但卻是哈欠連連，此時就表示他已無興趣再談這個主題，或不想再和你交談了；而個人若仍繼續交談下去，不僅無法得到結果，甚至於將自討沒趣。是故，任何溝通都必須注意對方的肢體語言。

選擇適當時機

個人若想在溝通中獲致成果，不僅需訂定溝通目標、注意溝通的各種細節之外，尚須選擇合宜的溝通時機，包括溝通的地點、時間長短、忙碌與否等問題。充裕的溝通時間、空閒時間與合宜的地點，有助於形成愉悅的談話氣氛；而緊湊、急促而繁忙的時段，容易引發緊張、不愉悅的情緒。前者將可營造良好的溝通氣氛，後者則破壞交談的情趣。因此，選擇合宜的談話時機，乃是人際溝通所必須遵守的準則之一。

做好情緒管理

人際相處若牽涉到不同的利益與個別的差異,將引發不愉快的情緒,尤其是在溝通時將引爆彼此的衝突,此時必須學習控制住自己的情緒。不良的情緒表現不僅會破壞人際關係的存續,且將造成溝通上的困難。通常人類都有執拗的習性,容易懷有成見和偏見,人際間一旦發生衝突,都很難化解或消除。因此,在人際相處當中,寧可多做良好的情緒管理,儘可能表現和緩的情緒與態度,如此才容易得到良好的溝通效果。

能多察言觀色

在人際溝通的過程中,個人若能多體察他人的感覺與態度,多做些察言觀色的工夫,則溝通成功的機率必大大地提升。所謂察言觀色,並不是在討好他人,而是針對他人的言行做出適宜的反應。過度的討好,不但無法解決問題,甚而會養成或抬高他人高傲的特性;只有做出最合宜的反應動作,才是最佳的溝通途徑。當然,「同理心」是一般學者所認為最能得到相互認同的基礎,惟尋求「同理心」必須建立在合理合法的基礎上。是故,能夠察言觀色乃在期望尋求合宜的配合行動,此乃為人際溝通時所必須遵守的原則。

尋求共同瞭解

尋求共同瞭解既是人際溝通的目標,也是人際溝通的原則。溝通的目的乃在尋求他人與自我合作關係,而在溝通過程中若有共同的瞭解與共識,則較易完成共同的目標。在人際溝通過程中,個人應儘可能聽取他人的意見,從中獲知對方所持的理念;當彼此理念相同時,固然較易取得共識;而在理念不同時,也可

透過眞誠的不斷溝通讓對方感受到誠意，則可改變對方的思想與態度，才能尋求共同的瞭解，終而願意採取合作的行動。因此，尋求共同的瞭解，可視爲人際溝通時應秉持的原則。

　　總之，人際溝通是需要經過不斷地交流的過程，在此過程中必須注意可能影響溝通成效的各個細節，因爲這些細節都可能導致溝通的成敗。吾人唯有秉持一些原則，才能做好最佳的溝通，以增進良好的人際關係，並共赴事功，完成人生的美好目標。

第三節　人際溝通的特性

　　人際溝通和其他事物一樣，本身具有其特性。由於人際溝通的特性，使得吾人能認識溝通的本質，從而可善加運用。就本質而言，人際溝通就是人與人之間尋求共同瞭解，而期望採取一致行動的歷程。因此，人際溝通是具有目的性的；其次，人際溝通正足以表達某些意義，故是具有意義性的；再次，人際溝通本身可說相當複雜，故需有持續性的行動。此外，人際溝通是動態的，絕不是靜態的。它需經過人際間的相互協調，並作長期的學習，以建立良好的人際關係。凡此都是人際溝通的特性。本節將逐次討論如下。

人際溝通具有目的性

　　人與人之間的溝通是有目的性的，尤其是溝通的發動者都想把自己的意念傳達給他人，以求能得到自己所期欲的目標。是故，人際溝通是有目標導向的（goal-oriented）。就事實而論，人際溝通是一種人們在尋求「共同瞭解」的過程，此種「共同瞭解」本身就是溝通的目的。易言之，人際溝通就是在一段時間內進行

有目的行為的一系列過程。例如，我們在工作空閒時間與朋友交談五分鐘，或在任何時間進行十分鐘的電話對談，都是人際溝通的歷程。在人際溝通的歷程中，除了溝通本身具有目的性之外，溝通所表達的內容乃在轉告對方如何行事以及做什麼事，這就是溝通所要遂行的目的。

人際溝通具有意義性

人際溝通除了具有目的性之外，也具有意義性。蓋人際溝通所傳達的訊息固然是有目的的，且也是有意義的（meaning）。此種意義性正可提供人們互動的瞭解，缺乏意義的溝通，就不成其為溝通了。所謂意義，是指溝通行為的內容、意圖以及其所賦予的重要性。內容（content）所傳遞出來的訊息，就是告訴我們在溝通什麼。意圖（intention），是指說話者正在表達溝通的理由，亦即為何要溝通。重要性（significance）是指溝通的價值何在，它對溝通者之間有什麼影響，亦即溝通有多麼重要。

人際溝通具有複雜性

人際溝通並不只限於所要溝通的內容而已，它尚涉及各種情境以及溝通雙方的心理狀態。就事實而論，有效的人際溝通之所以難以達成，乃是因為它為一個複雜的歷程。在人際溝通中，意見與感覺是否能有效而適宜地和人分享，常常受到人際關係歷程中各個因素的影響，這些因素就是本章第一節所論述的溝通雙方、表示作用、溝通內容、溝通媒介、收受作用、所期欲的反應、溝通障礙以及各種情境因素等。這些因素本身即已充滿著複雜性，而由其所組合而成的溝通歷程自無法簡單化。因此，人際溝通的複雜性是不容置疑的。

人際溝通具有持續性

人際溝通並不是一蹴可幾的，它是要持續不斷地進行的。任何良好而成功的人際溝通，都需要經過長時間的持續進行。此乃因溝通雙方都具有不同的背景，以致形成不同的理念，而對相同事物有不同的理解之故。因此，在進行人際溝通時，若能作較持續的接觸和解說，則其成功的可能性就會大大地提高。此外，人際溝通不僅限於語言的運用，其尚可能包括肢體的運用。根據研究顯示，運用肢體來傳達訊息的次數和時間，往往大於語言文字的使用。任何肢體上的動作或面部表情、姿勢等，都各自代表某種訊息，而此種訊息的解讀是需要經過長期持續的推論的。顯然地，人際溝通是一種持續性理解的過程。

人際溝通具有動態性

人際溝通既是一種人類互動的過程，則它具有動態性乃是無可置疑的。在人際溝通的過程中，人們所表現的行為是動態的、不斷變化的。人際溝通過程猶如一條河流，是川流不息、綿延不斷而多變化的，隨時隨地都要作適當的調整。一個人所說出的語詞、句子或擺出的姿勢、面部表情、手勢等，都包含著豐富的意義。要想理解溝通過程的任何部分，都必須提高敏感度，注意其間的變動以及所連結的關係。因此，人際溝通實是一種態度變化的過程。

人際溝通具有協調性

任何人際活動都必須有協調性，始有存在的可能，人際溝通亦然。就事實而論，人際溝通是集體性的行為。人類社會的組合實與人類溝通具有密切的相互依存關係，兩者缺一不可。蓋透過

人際溝通，人們之間始能採取合作的行動。溝通絕不是個人單方面努力就能成功的，必須要有兩人或兩人以上的合作與意願，始能進行；缺乏這種相互的協調，溝通是無法存在的。透過人際溝通，個人才能得到安慰，而避免互相傷害。是故，人際溝通是一種調和人際行為的有力方式。

人際溝通具有學習性

人際溝通是需要經過學習的。一個人自出生以來，固然具有發音的能力，但說話是需要經過練習的。尤其是要做好與他人的溝通，更需要不斷而長期的練習。因此，人際溝通絕不是與生俱來的，而是要不斷地講求溝通型態和技巧的。在人際溝通過程中，個人需要不斷地嘗試改進自己的言行，才能學習到有效的溝通技巧，進而建立起良好的人際關係。通常人們必須在不斷與人溝通中學習，才能瞭解自己偏差的溝通行為，從而改進自己的溝通方式和技巧。是故，人際溝通是有學習必要性。

人際溝通具有關係性

人際溝通是具有關係的，兩個不具關係的個人是無法進行溝通的。在人們進行溝通的過程中，溝通者和接收者不僅在分享訊息內容，而且也在顯現彼此的關係。例如，當一個人說：「你看我已把這件事擺平了！」時，除了顯示他已把事情做好了，或在顯示他解決問題的能力之外；同時可能在顯現他與對方的認同關係。當然，此種關係可能是認同的，也可能是互補的。此需依溝通雙方和當時情境的特性而定。不過，無論是認同性的關係或互補性的關係，若缺乏人際溝通，這些關係都是不存在的。因此，人際溝通實是具有關係性的。

總之，人際溝通是人類所特有的，它具有其本身的獨立特質，基本上是一種人際互動的過程；透過此種過程，人們之間才可能有合作的途徑與共同行動。因此，就整個溝通歷程而言，人際溝通是有目的性、意義性、複雜性、持續性、動態性、協調性、學習性與關係性的。這些特性實有助於我們對人際溝通的瞭解，使吾人認清人際溝通的重要性，進而培養良好的溝通技巧，達成人際溝通的功能性目標。

第四節　人際溝通的功能

　　人際溝通是人與人之間建立關係的必要途徑，缺乏人際溝通則人際關係將無以建立或維持。因此，人際溝通實具有許多功能，包括滿足個人的心理需求、適應社會性生活、協助個人取得應有的資訊、協同完成集體目標等。易言之，人際溝通所能完成的功能，一方面是屬於個人的，另一方面為社會性的。本節將細分數項討論如下。

增進人際關係

　　人際溝通的目的之一，乃在增進人際關係。當人與人之間在初識時，可透過人際溝通而獲得相互瞭解，從而可協助建立關係；而在人際相處有了誤解或衝突時，也可透過人際溝通加以化解，進而維持其間的關係。因此，人際溝通實具有維持或增進人際關係的作用或功能。就增進人際關係的過程而言，人際溝通的作用有二：一為重新定位；一為形成約束。前者乃使個人理解到自己在社會關係中的位置，後者則為運用社會關係約束個人的行為。這些都有賴人際間進行溝通來完成，此即為人際溝通有助於

增進人際關係的作用。

適應社會期望

　　人際溝通可使人們學習適應社會的期望。人是生存在社會中的，所有的人都必須遵守社會規範，扮演作為社會一份子的角色，而此種角色是需經過學習的。個人即可透過學習的歷程，而學到人際溝通的技巧，使其在社會規範下運行。此時，個人的社會角色影響著個人與他人的溝通，而人際溝通又必須適應社會對個人角色的期望。因此，個人多與他人進行溝通的工作，實有助於個人適應社會的期望。顯然地，人際溝通的功能之一，即在協助個人適應社會的期望。

形成人際認同

　　人們透過彼此的溝通，有時常會產生相互的認同。人際認同的產生最主要乃繫於同理心，而同理心的形成則有賴於人際互動與溝通。因此，人際溝通的功能之一，乃在形成人際認同。人們之間的交往，有了人際認同始能產生共同的行動。固然，個人為求適應社會期望，而使得自我能成為社會的一份子，且扮演好自我的角色；然而取得人際認同，正足以顯現自我的性格與尊嚴，因為自我尊嚴仍需由他人認同的，此種認同使得自我更能屹立不搖。凡此都要依靠人際溝通的作用，始能達成。

達成人際目標

　　人們因彼此的溝通，有時不只能得到相互的認同，且能產生共同的行動而完成共同的目標。易言之，人際溝通很多都是受目標驅使的，缺乏目標就沒有溝通存在的必要。因此，人際溝通的功能之一，即在達成人際間的共同目標。當然，人際目標對每個

人來說，不見得是完全一致的。例如，有人交友的目標可能是掌握主導權，從中獲得心理上的滿足；而其他人則滿足於被支配，因為他可能從中得到必要的協助。是故，人際目標有些是一致的，有些則為互補；然而，不管人際目標為何，這些都有賴於人際互動的溝通，才能達成。

滿足人際需求

人際溝通能滿足個人和他人互動的人際需求。人是天生的社會性動物，他需要和他人相處，以滿足各種需求，包括生理需求、安全需求、社會需求、自我需求和自我實現需求等。個人一旦失去和他人的接觸，將無法得到任何需求的滿足，而此種需求的滿足則有賴於人際間的互動與溝通。就事實而論，人際溝通不見得有直接而明顯的目標，但經過與他人的交談，即使是無意義或不重要的話題，至少也能因滿足了互動的需求，而得到某些程度的快樂。因此，人際溝通確能滿足人際間的某些需求。

化解人際衝突

人際溝通的最重要功能之一，乃在化解人際衝突。當人際間因理念或其他利益而發生衝突時，常可透過人際溝通而化解；當然，這仍得依各種情況而定。例如，個人是否願意與人溝通、個人是否願意拋棄成見或私利、組織環境是否需要合作或競爭的情況等，都會影響人際衝突的解決。然而，在基本上，良好的人際溝通常有助於人際衝突的化解，乃是不容置疑的。就另一個角度而言，人際衝突若有了人際溝通，不見得能完全化解，但缺乏人際溝通，則永無化解的可能。由此可知，人際溝通實是化解人際衝突的方法之一。

顯現自我概念

人際溝通有時常能反射出自我的尊嚴和人格。易言之，個人常可透過在和他人交談或溝通的過程中看到自我，此即為「鏡中之我」。亦即個人由他人身上看到了自己。顯然地，人們可藉由溝通而探索自我，並肯定自我。就事實而論，個人常可透過和他人的比較，而得知自己的優點和缺點，瞭解自我在社會團體中的地位；凡此都需透過和他人的交談與交往中獲知。因此，人際溝通確能顯現出個人自我尊嚴和自我概念，進而朝向自我肯定的方向邁進。

促進資訊交換

人際溝通本質上是一種資訊交換的過程，缺乏資訊的流通與交換，就無所謂的溝通存在。個人透過溝通的過程，可獲取某些重要的資訊，以幫助自己作決策，而正確和適時的資訊正是有效決策的關鍵性因素。至於正確資訊的取得，則有賴於人際溝通而完成。通常，個人在日常生活中可能因他人的提醒，而改變原有有錯誤的想法和做法；此可降低個人許多迂迴的策略，而節省若干精力與時間。由此可知，因人際溝通而取得某些資訊的交換，是相當重要的。

促動關係運作

在人際溝通的過程中，個人對他人的反應是敏感的，且能迅速地確定自我和他人之間的關係。同時，在進行人際溝通時，每個人都向他人表現自我形象，以測驗和觀察他人對自我的反應。由此可知，透過人際溝通的運作，正可瞭解個人人際關係的深淺與良窳；依此，若能善加運用人際溝通，則有助於人際關係的建

立。是故，人際溝通的功能之一，乃在促進人際關係的正常運作。吾人若欲建立或維持活絡的人際關係，就必須講求人際溝通的方法與技巧，愼選適當的溝通時機，卒能完成人際目標。

建構人際合作

人際溝通最積極的功能之一，乃在建構人際合作的行動。通常在人際相處的過程中，不僅個人會影響他人，同時個人也受到他人的影響，而此種相互的影響，乃在建構實際的合作行動。易言之，人們在做任何決定時，常需要別人的同意或合作，此則有賴溝通來完成。例如，個人希望他人照自己的意思行事時，常需作不斷地勸說。因此，改變或影響他人行為，往往是人際溝通的結果，缺乏此種人際的互動與溝通，將很難取得他人的合作行動。

總之，人際溝通是一種人際互動的過程，它可完成人類的許多目標。人們不管在日常生活或工作中，都必須依賴溝通始能完成各種任務。人際溝通可說是人類一切行為的基礎，個人自出生以來即透過人際交談而形成自我的人格，且在與社會性的各種團體或組織中互動。易言之，無論是個人人格的形成或社會關係的產生，無一不是透過人際溝通而完成的。

第五節　發展溝通能力

人際溝通並不是輕而易舉的事，它是要經過不斷地學習與運用，始能有若干的體會，卻不一定能保證溝通是成功的。在日常生活中，個人常會碰到一些溝通的問題，或無法清楚地表達自己的意思，或不經意地得罪人而不自知。由此可知，在人際相處過

程中人際溝通的重要性。此時，吾人唯有發展自我的溝通能力。所謂溝通能力（communicative competence），是指在溝通時能把訊息運用於互動情境中的能力，亦即一個人能對他人表示正確的訊息或對他人的訊息能作正確的反應或處理之謂。易言之，溝通能力必須是使溝通為有效而適當的。為使溝通是適當而有效的，則個人需有對訊息的領悟與處理能力，此則包含解釋能力、目標能力、角色能力、自我能力和訊息能力。

解釋能力

所謂解釋能力（interpritive competence），是指能賦予外界事物以一定的意義，並用來觀察周遭世界的能力而言。此種能力能界定、組合和解釋溝通的環境，就是個人知覺的問題。在溝通環境中，各種可能的刺激都會出現，此時則有賴個人的選擇和解釋，用以處理重要而有用的資訊，並摒除無用而不重要的資訊。因此，個人能否合宜地賦予任何刺激以一定的意義，在人際溝通的過程中是相當重要的。吾人想要進行有效的溝通，就必須對所處的環境背景和他人達成一致的見解，並能確定自我的感受與需求。假如我們誤解了所處環境或交談對象的意思，或忽略了自我的感受，將使溝通無法有效地進行。

目標能力

所謂目標能力（goal competence），是指能設定溝通目標，預見溝通的結果和擬訂溝通計畫的能力而言。在人際溝通中，雖然不是每項溝通都為意識性的，但絕大部分的溝通都是有目的的。因此，溝通者必須能瞭解自己的目標，確定實現目標過程中的障礙，並設法找出克服這些障礙的方法。一個具有目標能力的個人，較能順著自己所訂目標去選擇有用的資訊，發揮極大的創

造性和想像力，以開拓溝通的空間。目標能力不僅會幫助人們設定目標，想像別人將如何反應，而且能協助人們選擇對個人最有效的訊息。

角色能力

所謂角色能力（role competence），是指適應別人和自己需求與期望的能力，它必須瞭解什麼行為是適當的、被期待的，什麼行為是不適當的、被禁止的。由於溝通是雙方參與的活動，一項無法適應別人期待的溝通是無效的。因此，在人際溝通過程中，個人不僅要學會明確地表達自己的目標，而且必須懂得以社會認可的方式去達成目標。易言之，角色能力就是在進行適當角色行為的能力。一個具有角色能力的個人能保持自我的社會形象，懂得關心與照顧他人；而在他人與自我角色發生抵觸的情況下，做出最佳的選擇。此時，他的選擇標準就是社會規範，蓋溝通是受社會制約的。

自我能力

所謂自我能力（self competence），就是能顯現自我感或個體感的能力。在人際溝通中，個人表現適應別人的同時，尚必須誠實地對待自己。一項有效的溝通不僅僅要遵守社會規範而已，還必須能表現個人的獨特思想和情感。易言之，自我能力就是在選擇並表現自我形象的能力。一個擁有自我能力的個人瞭解自己的現實形象和欲求形象，並能將自我形象展現在別人面前。當然，此種自我形象應是健康的自我概念（self-concept），它代表著個體感和與人溝通或交往的方式。一個具有積極性自我概念的個人，自尊較高，樂於與人溝通；相反地，一個擁有消極性自我概念的個人，較缺乏自尊，常迴避某些溝通，或在溝通時顯現出

躊躇和怯懦。因此,自我和展示自己的方式是息息相關的,它將影響人際溝通的有效性與成敗。

訊息能力

所謂訊息能力(message competence),就是能以他人所能理解的方式來表達自己觀點的能力,亦即個人懂得在實際語言環境中運用所有的訊息知識。個人若缺乏處理溝通資訊的能力,則其溝通將很難得到成功。因此,訊息能力就是在將一般行爲概念轉化爲別人所能夠理解,並能做出反應的具體訊息之選擇。爲了有效而恰如其分地與人溝通,一個具有訊息能力的個人必會善用所有的語言、文字和肢體動作,並在適當時機以適當的方式表現出適當的語詞與行動。顯然地,瞭解語詞的涵義和聯繫的方式,也是訊息能力所具備的。然而,要想眞正掌握溝通的訊息能力,還必須瞭解他人對自己語言和姿勢所作的反應。因此,一個具有訊息能力的個人必須能注意且掌握可能影響溝通的所有訊息。

總之,在人際溝通過程中,這些能力是相互連貫、互爲依存的。個人必須具備這些能力,才能與他人共創有意義的活動,尤其是進行成功的溝通活動。然而,懂得或擁有各種溝通能力,尚不致保證成功的溝通。因爲影響人際溝通的因素是多方面的,如個人在溝通時身心狀況不佳、過度疲勞或焦慮;各種態度、價值和信仰的相互矛盾;缺乏溝通的動機和誘因;個人的偏執等,都會對人際溝通造成不良的影響。因此,人際溝通就像其他活動一樣,不但要對理論分析有透澈的瞭解,而且也要不斷地加以實踐才行。

第**8**章

. . . .

人際交流分析

- ■ 交流分析的緣起與意義
- ■ 交流分析的基本元素
- ■ 交流的型別
- ■ 交流分析的運用

交流分析在人際交往的過程中，是一項相當重要的概念和技術。在人際間作溝通時，交流分析有助於對他人的瞭解，進而可運用它來改善彼此的關係。基本上，交流分析並不是一種極爲嚴密的科學知識。任何人只要在日常生活中細細地體察，就可瞭解它，從而利用它來改善自己和他人的關係。因此，交流分析是一種瞭解和改善人際關係的技巧。任何人若能瞭解交流分析的意義，不但可促進自己的人際關係，更可得到他人的合作，以完成共同的目標。是故，吾人必須重視「交流分析」概念。本章擬先探討交流分析的緣起與意義，其次討論影響交流分析的基本元素—自我狀態，然後研討根據自我狀態所構成的交流型別，最後探求個人應如何運用「交流分析」。

第一節　交流分析的緣起與意義

　　交流分析（transactional analysis）一詞，最早爲心理學家柏尼（Eric Berne）所提出的。它是一項瞭解和改善人際關係的技術。柏尼是美國加州的一位社會精神病專家，一九六四年在所著《人間遊戲》（*The Games People Play*）一書中，首先倡導「交流分析」的概念架構（conceptual framework），並分析人際間的溝通問題，且討論家庭、工廠、教會及其他社會團體的人際關係。

　　其後，哈里斯（Thomas A. Harris）於一九六九年出版《我好—你好》（*I'm Ok, You're Ok*）一書；詹姆斯（Murial James）和鍾華德（Dorothy Jongeward）於一九七一年出版《人生求勝》（*Born to Win*），一九七三年出版《贏取對方》（*Winning with*

People）等書，使得「交流分析」更為普遍流行。一般企業界所接觸到的通俗心理學，也都運用「交流分析」的概念。

其時，「交流分析」技巧的運用，不僅在美國國內廣為流傳，同時也散布到許多和美國作文化交流的國家。它不但可運用在日常生活的人際交往中，更可應用於工廠、醫院和各種社會團體裡，甚而國與國之間的交涉，也採用了「交流分析」的概念。許多醫師、輔導人員、社會工作人員、精神病專家、臨床心理學家，以及各種事業機構的人事管理人員，都接受交流分析的訓練。此外，某些企業機構為了改善組織中的人際關係，還特別委請專家對某些員工施予交流分析訓練。

嚴格來說，「交流分析」只能算是一種「通俗心理學」（Layman Psychology）。它與一般學院式的心理學不同。交流分析的最大優點，是通俗易懂；而一般所謂的「科學心理學」，都是以「理論結構嚴謹」見長。交流分析的特色之一，就是一個不具備心理學背景的人，只要受過短期的「交流分析」訓練，就足以運用這套技巧來瞭解自己和別人的關係。

基本上，交流分析的理論基礎，與德國的完形心理學派（Gestalt Psychology）是一脈相承的。它不但主張個人是一個完整的個體，而且強調人與人之間的交往是「交流分析」的基本分析單位。由於人際交往的進行，大多依循某種既定的「文化腳本」，因此作「交流分析」時，還要考慮個人所處的文化環境。

再者，「交流分析」的主要研究對象，是人與人之間的溝通問題。對於人際溝通的研究，不僅有助於人與人之間的和睦相處，而且能促進整個社會的現代化。就企業組織而言，所謂交流分析，正有助於經理人改善其與部屬的溝通及對部屬的瞭解；而分析的方法，係針對經理人和部屬的行為。因此，交流分析應可運用於人事管理上，以協助主管解決與部屬之間的溝通問題。

第二節　交流分析的基本元素

　　交流分析的基本概念，就是所謂的「自我狀態」（ego states）。這裡所謂的「自我」，與心理分析學派的「自我」是不相同的。後者是受潛意識支配的，前者卻具有相當理性，既能思考，又能判斷。易言之，「交流分析」的人格理論認為：「人」是自己的主人，不是「環境」或「潛意識」的奴隸。人能控制自己，可以下決心，或堅定意志，將其「自我」從一種狀態改變為另一種狀態。

　　交流分析理論認為：每個人都具有三種自我狀態，即父母自我狀態（parent ego states）、嬰兒自我狀態（child ego states）、成人自我狀態（adult ego states）。這三種字眼和平常的用法不同，各有其特殊而深奧的意義。此處所謂的「父母」並不是爸爸和媽媽，「嬰兒」也不是指小孩子，而「成人」與大人的意義相異。茲分述如下：

父母自我狀態

　　所謂「父母自我狀態」，是指一個人在孩童時代從父母那兒學來的態度與行為。由於個人早期在家庭中所受父母的影響，而常將父母的信念、見解、喜樂和憂懼等忠實地記錄在腦海裡，致本身常留有父母的印痕。當一個人在任何時候，表現他從父母身上學來的行為時，此時此刻就處在「父母自我狀態」之中。例如，一個人板起面孔說教，或表現出高高在上的地位，都是幼時父母那兒學來的，故是屬於「父母自我狀態」的。

　　對個人來說，此種重播性對整個人生，是有很深遠影響的。那些具有強制力、約束力的戒律生硬地被記下，成為一個人生存

於各種團體的重要條件。在日常生活中,「父母」資料大多屬於「如何做」之類。例如,如何敲釘子、如何鋪床、如何喝湯、如何道謝、如何握手等。「如何做」包含了許多由觀察父母行為所獲得的資料,這些資料對孩子學習獨立生活有極大的用處。這些做事的老方法,也許會被其他更合乎現實的新方法所取代;但有時在小時候所受到的教養,卻很不容易改變,這就是個人的「父母自我狀態」資料。

嬰兒自我狀態

所謂「嬰兒自我狀態」,是泛指個人在嬰兒時期所學來的衝動。一個人處在「嬰兒自我狀態」時,必是充滿好奇、衝動、情感、喜愛、做事是不加考慮的。他的一舉一動,恰似幼兒的模樣。「嬰兒」所記錄的,就是一些「所見、所聞、所感覺、所理解」的資料。由於嬰兒在最初幾年不太懂得運用語言,他的大部分反應是「感覺」。因此,他早年的處境是渺小、依賴、無能、笨拙,且缺乏字彙以表達意思的。

嬰兒在這段無助的時期,必須應付無數全然不協調的要求。一方面,他有隨時撒尿、探索、理解、撕碎、敲擊的欲望,和表達情緒、體驗運動和發現的快感;另一方面,父母對他無止盡的要求,迫使他放棄這些基本滿足,以求獲得父母的讚許。凡此種屢遭挫折的社會化過程,都會引起否定的情緒。此種不愉快的經驗,深深地印烙在每個孩童的腦海裡,永遠無法磨滅。因此,當一個人陷入某種情緒之中,或他的憤怒遠超過理智時,我們就知道他正處於「嬰兒自我狀態」中。

當然,「嬰兒自我狀態」也包括不少肯定的資料。例如,創造力、好奇心、求知慾、探索感、渴望去觸摸、去感覺、去體驗的衝動,以及第一次發現新鮮事物時生動而清純的感覺。「嬰兒」

記錄了無數個驚喜、無數個生平的第一次，和不斷重溫舊夢時所帶來的歡愉。這些都是「嬰兒自我狀態」的特徵。最常見到的例子是球賽時球迷的大叫大跳，他們一點也不考慮什麼，只是一時的高興衝動，這正是典型的「嬰兒自我狀態」。

成人自我狀態

「成人自我狀態」的特徵，是重視事實資料的蒐集和客觀分析。當一個人不論從父母身上沿襲了什麼偏見和情緒，都能客觀地面對實際，冷靜和踏實地分析情況，這就是一種「成人自我狀態」。

一個人在孩童時代，對周遭的刺激，常作一些無助或不經思考的反應。他雖然有「父母」，有「嬰兒」，但沒有選擇反應或改變環境的能力，也沒有自我意向，無法靠自己的力量過活，只能索取現成的。然而，隨著年歲的增長，他逐漸發現自己也能理解和思考著做一些事，並能實現自我，逐漸產生了「成人自我狀態」。

「成人」的主要作用是：將刺激轉變為訊息，然後根據過去的經驗分析後，歸入檔案。「成人」和「父母」不同，「父母」以模仿作評價，儘量要求自己適合別人的標準；「成人」也和「嬰兒」不同，「嬰兒」有根據非邏輯思考作草率反應的傾向；同時「嬰兒」經常發生分析不清、知覺歪曲的現象。唯有「成人」會檢查「父母」、「嬰兒」、「成人」的資料，加以思考、整理、分析，使之合乎事實。

基於前述，則這三種自我狀態，可分別敘述如下：父母自我狀態是教誨的（taught）、成人自我狀態是思考的（thought）、嬰兒自我狀態是感覺的（fell）。

第三節　交流的型別

交流分析的基本單位為交流（transaction）。交流包括一人的刺激，和另一人的反應；而該反應又可能變成新的刺激，引發其他反應。當然，此種刺激或反應並不限於口語上的，其也包括肢體上的姿勢和面部的表情。當兩個人作溝通時，一方先以某種方式表達意見，這就是「交流刺激」；而另一方作些刺激有關的反應，這就是「交流反應」。交流分析就是在檢視交流所得的訊息，而加以系統化的方法。

當人們在作人際間溝通時，個人常會選擇其「父母」、「嬰兒」、「成人」等三種自我狀態中的一種，和他人作交流；而對方也會以自己其中一種自我狀態反應，於是形成三種交流的基本型式：呼應性交流（complementary transactions）、交錯性交流（crossed transactions）及隱含性交流（ulterior transactions）。

呼應性交流

所謂呼應性交流，是指一種適當而應有的，且符合正常人際關係的自然狀態之交流。此種交流基本上是平行的，或是互補的。這些形態包括「父母」對「父母」、「成人」對「成人」、「嬰兒」對「成人」等。當刺激和反應在P－A－C圖中成平行線時，這個交流就是平行或互補的，可以繼續交流下去。只要刺激線和反應線平行即可，不管刺激的方向是來自何者。其如圖8-1各圖所示。

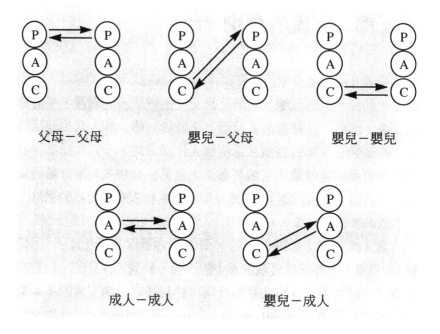

父母－父母　　　　　　　嬰兒－父母　　　　　　　嬰兒－嬰兒

成人－成人　　　　　　　嬰兒－成人

圖8-1　呼應性交流之一

　　舉例來說，部屬詢問主管「這個週末要加班嗎？」，而主管答以「在我看來，會要加班。」其如**圖8-2**所示。由於他們都是依據客觀事實作交流，是出自於彼此的「成人自我狀態」的，故此種交流係屬於一種呼應性交流。

部屬：這個週末要加班嗎？

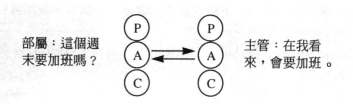

主管：在我看來，會要加班。

圖8-2　呼應性交流之二

生病的丈夫
（小男孩）

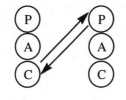

照料先生的太
太（好媽媽）

圖8-3　呼應性交流之三

又如一位生病的先生發高燒，需要照顧。太太知道他生病，願意照料他。只要太太願意關心丈夫，而扮演著「父母」的角色；丈夫也希望作個「小男孩」，願意去接受照顧，這種關係就會很美滿的維持下去，這也是一種呼應性交流。其如圖8-3所示。不過若其中一人不願意接受此項安排，平行的關係就破壞了，也就很難進行交流了。

再如某個員工生病了，想請假回家休息，此時他的行為會像孩子要求父母似的，說：「課長，我覺得不太舒服，想先下班回去休息。」如果主管處於「父母自我狀態」，說：「回去吧！留下的工作，明天再做好了。」這也是一種呼應性交流，其如圖8-4所示。

部屬：課長，我覺
得不太舒服，想先
下班回去休息。

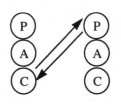

主管：回去吧！
留下的工作，明
天再做好了。

圖8-4　呼應性交流之四

總之，呼應性交流就是指個人在進行溝通時，不管刺激來自何者，只要對方作適當的反應即屬之。此時溝通和瞭解就達成了。當然，所謂「適當」必須考慮雙方的地位和立場。

交錯性交流

　　在「交流分析」中，會引起麻煩的是交錯性交流。這種交流是非互補性的，雙方的自我狀態是交叉的。在一項交流過程中，如果對方沒有表現適當或應有的反應，便是交錯性交流。亦即當刺激和反應在P－A－C圖上發生交叉時，交流便陷於停頓。部分可能的交錯性交流，其如圖8-5。

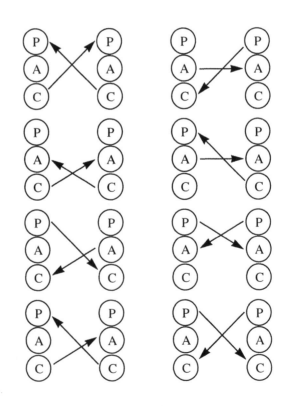

圖8-5　交錯性交流之一

部屬：上星期我休假，所以沒有得到公司發布的政策通知，能補給我一份嗎？

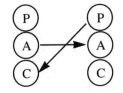

主管：你向我要？我是印刷廠嗎？你自己到人事室去要。

圖8-6　交錯性交流之二

　　圖8-5所列圖形代表任何雙方的交流，只要「刺激線」與「反應線」構成交叉狀態，就是一種交錯性的交流，這是不適當的，將使彼此的溝通無以為繼。例如，部屬說：「上星期我休假，所以沒有得到公司發布的政策通知，能補給我一份嗎？」，而主管答以：「你向我要？我是印刷廠嗎？你自己到人事室去要。」顯然地，這個例子顯示：部屬表現的是「成人自我狀態」，而主管卻以「父母自我狀態」去激起對方的「嬰兒自我狀態」，其錯誤在主管，其如圖8-6所示。

　　再如，主管說：「老李，按照輪值表，今天該你留下來了。」而部屬卻說：「哦！糟了！今晚我有個重要約會，你不能找別人嗎？」很顯然地，主管是根據事先安排的事實，在表達他的意見。基本上他是站在自己的「成人自我狀態」的，可是部屬卻表現一種抗拒，以一種「嬰兒自我狀態」去引起對方的「父母自我狀態」，此種交流是失敗的，將無法進行溝通。其如圖8-7所示。

　　總之，交錯性交流乃表示進行溝通的雙方表達意見，無法做到平行或互補的緣故。此種交流實無法達到溝通的目的，從而將引發彼此的誤解和衝突。在人際交往時，應避免作交錯性交流。

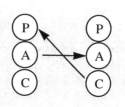

主管：老李，按照輪值表，今天該你留下來了。

部屬：哦！糟了！今晚我有個重要約會，你不能找別人嗎？

圖8-7 交錯性交流之三

隱含性交流

隱含性交流是一種最複雜的交流。在隱含性交流中，總牽涉到兩種以上的自我狀態。真正的訊息往往沒有明白地表達出來，而是隱含在一種社交客套的交流中，例如，一位主管對部屬說：「你把公文藏到哪裡去了？」主要的刺激為「成人自我狀態」，是尋求訊息的問題。但「藏」字卻包含另一種意思，即「你處理公文的方式真是一團糟，真希望有那麼一天，你的公文能處理得有條不紊！」這就是一種「父母的自我狀態」，隱含著批評，可稱為「雙重的交流」。其如圖8-8。在該圖中，實線代表口頭所表達的訊息，虛線則為真正所欲表達的訊息。

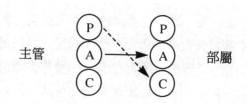

主管　部屬

圖8-8 隱含性交流之一

主管：老李，公司正
考慮把你調到分公司
服務。可是我看你並
不怎麼適合呢。

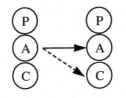

部屬：對啦！我願
意留在總公司。

圖8-9　隱含性交流之二

　　再如，一位主管打算將某君調職，他認為某君如果要在公司
裡步步高陞，便不能缺乏其他經驗。可是，這位主管想到某君可
能不願外調。於是，他便向某君發出了兩種訊息，如圖8-9所示。
圖中實線的箭頭，是口中說出來的訊息；虛線則是隱含的訊息。

　　表面上看來，這位主管好像是在敘述一樁事實；實際上，他
是在激起部屬的「嬰兒自我狀態」，拋給部屬一項挑戰，希望部屬
能有適當的反應。如果部屬的回答是「對啦！我願意留在總公
司」，主管便失敗了；因為部屬只回答了他的表面訊息，而且是以
「成人」對「成人」的立場回答。相反地，主管的問答原本就是激
將法，刺痛了部屬的自尊，部屬的回答才可能是：「你放心，我
一定幹得了，我要去試一試。」部屬這樣回答就表示「我當然能
做，你等著瞧吧！」這種回答便是一種「嬰兒自我狀態」。以上都
隱含著另一種訊息，這就是一種隱含性交流。

　　總之，所謂隱含性交流，就是雙方在溝通時，真正的訊息並
沒有明白地表達出來，而是隱含在口頭上所傳遞的訊息當中。此
種交流不易為對方所理解和接受，將可能使雙方的交流中止。在
人際關係交往中，應避免或減少這種交流。

第四節　交流分析的運用

交流分析是一種通俗的心理學知識。它確實存在日常生活中，吾人只要細細地體會，就可以學到，它絕不是科學化的精密心理學概念，但運用在人際溝通上卻很有用途。不僅如此，交流分析也可運用在企業管理上、心理輔導上、精神醫學上……，舉凡有人際交往的場合，都可運用交流分析，期以瞭解和改善人際關係。

在人際交往中，個人與個人之間若能注重交流的過程，善用交流分析，自可促進彼此的瞭解，達成溝通的目的。否則，不但雙方的溝通無以為繼，且將戕害彼此關係的運行。因此，交流分析實是人際交往所必須修習的課題。站在人際關係發展的立場而言，個人絕不能忽略了交流分析的運用。

職是之故，現代許多事業機構都已在運用交流分析，以協助管理者瞭解部屬和善待部屬。只有主管能瞭解自己和部屬的種種自我狀態，並能夠配合各種自我狀態而作適當的交流，才能正確地分析與部屬之間的談話，以作適切的反應。交流分析所強調的重點之一，是個人不但應確立自己強固「成人自我狀態」，而且也應該鼓勵他人確立其「成人自我狀態」。能夠做到這種境界，才能以正確而客觀的態度對待他人。

當然，他人在表現「成人自我狀態」時，也可能顯現其他的自我狀態。此時，個人最重要的是採取呼應性交流。例如，部屬未能獲得升遷，可能心生不快，這時他是處於「嬰兒自我狀態」；主管就少不得安慰他幾句，以「父母自我狀態」來應對；此時應確實避免使用隱含性或交錯性交流，否則將引起極大的衝突。

易言之，個人在和他人相處或交往時，若能瞭解雙方的自我狀態，從而善用呼應性交流，一方面能使他人作更爲有效的反應；另一方面則有助於雙方情感的增進，降低可能的阻力，尋求共同合作的機會。因此，個人在平日實宜多對「交流分析」概念，作些觀察的工夫，才能做好溝通工作，建立與他人的和諧合作關係。所謂最佳的人際關係，不僅要以自己的「成人自我狀態」去激起對方的「成人自我狀態」，而且要和他人作呼應性的交流。如此才能同舟共濟，共赴事功。

　　總之，「成人自我狀態」是就事論事的，它不帶著「批評」的味道，也不含有任何的「自卑」、「自憐」或「憤怒」。基本上「批評」是「父母自我狀態」的，而「自卑」、「自憐」或「憤怒」則是「嬰兒自我狀態」的。個人若能多培養就事論事的「成人自我狀態」，則他人多少都會受其影響的。因此，個人在與他人進行交流的過程中，宜多表達「成人自我狀態」，進而善用呼應性交流。如此自可避免不必要的紛爭，從而化衝突爲合作，變阻力爲助力，緩和彼此的緊張關係，消除許多有形無形的誤解和壓力。

第**9**章

常用的溝通方式

- 非語言溝通
- 語言溝通
- 文字溝通
- 語言與非語言的互用
- 理解他人的溝通方式

在人際溝通的過程中，人們必須運用某些方式來表達他的意識、思想、理念和想法，以使他人能瞭解並採取配合的行動。因此，溝通必須同時包括意思的傳達與瞭解，此則有賴於溝通方式的運用。一般常用的溝通方式，不外乎口語溝通、文字溝通，以及非語言溝通。本章首先將討論非語言溝通、語言溝通和文字溝通的涵義與方式，其次研討語言和非語言溝通的互用，然後據以分析如何理解他人的溝通方式。

第一節　非語言溝通

人類最早使用的溝通方式，就是非語言溝通。非語言溝通或可稱為肢體語言溝通，其可包括人類的任何肢體動作，如身體的移動、擺動、姿勢、面部表情、身體距離、音調的抑揚頓挫、一顰、一笑、注視、皺眉、搔頭、搖手、搖頭等，都能傳達某種訊息。此種溝通的方式如表9-1所示。由此可知，肢體傳遞訊息的方式，並不少於語言溝通，且是最原始的溝通方式。初生嬰兒在開始時，並不具備運用語言的能力，必須經過相當時期的成長與學習，始能逐漸瞭解語言的涵義，並懂得運用完整的句子以表達其意念，甚至一直到成人在運用語言溝通時，肢體語言仍表達大部分的意思。是故，非語言溝通確實占所有溝通方式的大宗。

有人認為所有的肢體動作都有其意義，沒有任何肢體動作是偶發的。透過肢體語言，常可表達某種訊息。例如，雙臂交叉胸前表示防衛，聳肩表示不在乎，輕拍額頭表示忘記。雖然有人不認同肢體動作所代表的意義，甚而認為某些肢體動作是無意識的，但肢體語言若伴隨著口語溝通，常有加強作用。例如，講到

表9-1　肢體溝通的方式

基本類型	可能的表達方式		
身體移動及 身體距離	·身體前傾 ·身體歪斜 ·身體後仰 ·聳肩 ·垂肩 ·搔頭 ·搔耳 ·拍手 ·拍額 ·拍後腦 ·頓足	·向前走 ·向後退 ·橫跨步 ·打手勢 ·靠近 ·保持距離 ·面向說話者 ·背對說話者 ·鬆弛的姿勢 ·緊張的姿勢 ·拍對方的肩膀	·插手 ·抖腳 ·抬腳 ·向後靠 ·不斷變換姿勢 ·雙手交叉胸前 ·雙手放在背後 ·手插口袋 ·兩手不斷晃動 ·比手劃腳 ·遙指遠方
面部表情及 頭部動作	·目光接觸 ·微笑 ·大笑 ·苦笑 ·會心的笑 ·奸笑 ·猙獰笑 ·蹙額 ·皺眉 ·擠眉 ·擠眼 ·點頭	·搖頭 ·仰頭 ·低頭 ·偏頭 ·甩頭 ·轉頭 ·上下打量 ·左盼右顧 ·注視他處 ·毫無表情 ·嚴肅的表情 ·愉悅的表情	·雀躍的表情 ·冷漠的表情 ·哀傷的表情 ·悲悽的表情 ·僵硬的表情 ·鬆弛的表情 ·遙望 ·直視 ·斜視 ·嚎哭 ·低泣 ·啜唇
語調及音質	·輕鬆的語調 ·生硬的語調 ·講話速度快慢 ·音調的揚長 ·音調的抑頓 ·大聲	·小聲 ·輕聲 ·太快 ·太慢 ·結巴 ·聲音顫抖	·尖銳 ·高亢 ·平和 ·低沈 ·音質的幽雅 ·音質的拙劣
其他	·咬指頭 ·拉扯衣服	·把玩原子筆 ·玩弄頭髮	·喝水和飲料 ·嚼東西

生氣的話時，雙手握拳，甚至搥桌，即表示氣憤到極點。是故，肢體動作並非無特定的意義，甚而將它與口語結合時，會使訊息的傳達更為完整。此即為視覺的刺激，其與語言之聽覺刺激不同。

一般肢體動作的表達方式甚多，其中尤以面部表情為最。根據研究顯示，面部表情最能表達人們的情緒，包括喜、怒、哀、樂、好、惡、憂、懼等，都可從面部表情顯現出來。根據學者研究顯示，最能表現在面部表情上的情緒，有快樂、悲傷、驚訝、害怕、生氣和厭惡等六種基本情感。其次，手勢也是最常運用的肢體動作。不過，大部分的手勢動作多為協助或伴隨語言溝通而來的。只是手勢常因人而異，有些人手勢比說話多，有些人說話比手勢多。

再次，個人的身體姿勢也是一種肢體動作。姿勢包括身體的各種形態、位置和移動等。姿勢的改變也是一種溝通，如身體坐直而前傾表示高度注意，靠背而坐表示鬆散，突然起立表示談話結束等是。另外，身體距離也是一種肢體動作和溝通方式。通常身體保持一定距離表示警戒，身體靠近表示親密；惟此常隨著社會文化的不同而異。例如，中東人在談話時要靠近，美國則保持一定距離；中國人以握手為禮，美國人則為擁抱等是。

然而，在所有的肢體語言中，最足以供作道具的要屬於眼睛了。眼睛就像口舌談話一樣，無論個人的笑容多甜美，而眼神若冷若冰霜，則其笑容也是勉強的。一般而言，眼睛可以敏感地反應一個人的情感。個人在交談時，不只是需要嘴角上的笑容，而且眼神中必須滿溢著光輝，如此才能顯現出穩健、溫暖，讓對方心存感動。因此，在與他人對談時，務必要注視著對方，視線的落點是很重要的。個人在聽取對方的談話時，若能用眼睛注視著對方，自然可從對方的眼神中窺探出談話的要點。因此，吾人在

與他人作溝通時，最需要加以注意的就是眼睛，因為它最足以傳達所要傳達的訊息。例如，當對方說：「大約這麼大」時，眼神自然會轉移視線以指陳大小。

其他肢體語言的溝通方式甚多，實無法一一加以列舉。然而，肢體語言確有溝通的作用。首先，肢體動作可能取代口頭，而以各種訊號或手勢顯現，如豎起大姆指為「一切順利」或「優秀」，點頭是「是」，搖頭為「不」。其次，肢體動作具有補充語言的作用，如有人可能說「那裡」，同時以手指指著某一方向。再次，肢體動作可印證口頭溝通中的情感，如一個人說：「我生病了」，並露出痛苦的表情。接著，肢體動作可管制交談或溝通中的互動，如演講者看到聽眾不耐的動作，就當準備結束演說。最後，肢體動作可消除緊張，如有人聽他說話而有了壓力時，可能有踏腳或扭動雙手的動作。

綜觀前述可知，非語言溝通乃是日常生活中極為普遍的溝通方式。它的最大優點乃是直接表達而能為接收者所感受到；惟肢體動作常有不同的解讀，對熟識者或可心領神會，而對生疏者常會引發誤解，造成不必要的困擾。就肢體表達本身的意義而言，非語言溝通實具有如下特色：

1.非語言溝通是最古老而具體的溝通方式。
2.非語言溝通是最直接而令人信任的溝通方式。
3.非語言溝通是最能表達情緒的溝通方式。
4.非語言溝通是最能表達普遍意義的溝通方式。
5.非語言溝通是最能持續而自然表現的溝通方式。
6.非語言溝通是可一連串同時表達的溝通方式。

第二節　語言溝通

　　人際間傳達訊息的最主要方式，即爲口語溝通（oral communication）。此種溝通可包括演說、對談、團體討論、非正式的謠言、傳言等，都是常見的口語溝通方式，其乃爲運用語言作溝通的工具。由於語言係透過口頭傳述的，故又稱爲口頭溝通。此種溝通是藉著具有共同意義的聲音，作有系統的溝通思想和情感之方法。語言乃爲用來指示、標明和界定思想、情感、經驗、物體和人物等概念，以便能和他人分享，並尋求共同的認知與瞭解。然而在使用語言時常有一定的限制，如語言的音調、抑揚頓挫、語句的先後順序、啓承轉合以及使用語言者的心理狀態等，都會影響溝通的有效性。

　　語音的四項主要特色，是音調、音量、頻率和音質。音調是指聲音的高低，音量是聲音的大小，頻率是聲音的快慢，音質是聲音的質地。這些常單獨或共同表達個人所想傳達的意思。例如，有些人在生氣時會大聲說話，在情意綿綿時會輕聲細語；在緊張時會提高音調，在平靜時會降低音調；在害怕或緊張時講話比較快，在失意或鬆散時講話比較慢。此外，每個人常以不同的音質來傳達特別的心境。人們可能在抱怨或哀怨時發出鼻音，在誘人的時刻發出柔和的氣音，而在生氣時發出刺耳嚴厲的音質。此種不同的音質會產生不同的感覺、想法或價值判斷。然而有些音質的差異不一定有特別的涵義。有些人一直都是高音調或是有氣音或鼻音，或有刺耳的聲音。不過，個人在不同狀態下，其語言確有不同。

　　其次，在使用語言溝通時，尚要注意贅音的干擾。所謂贅音是指在談話時的不必要聲音，它足以中斷或介入流暢的談話。此

種贅音會使人分心，陷入五里霧中，產生不舒服的感覺，甚或使溝通完全中斷。過度的贅音是一種不良的說話習慣，是長期養成的。最常見的贅音是「嗯」、「呃」、「啊」、「這個嘛」等。例如，如果有人說：「這個嘛，我，這個，去高雄嘛，這個看朋友。」讓人聽起來，必感覺不舒服。同時，贅音將延長溝通的時間，此有干擾溝通之虞。因此，個人在平時宜多訓練流暢的談話。

另外，語言溝通尚需注意用語遣詞。一句完整的句子很快就能讓人領悟會意，而殘缺不全的語句常令人困擾，甚而產生誤解。還有詞句用語的先後順序必須主從對應，不可順序顛倒，否則必然喪失原意。同時，語句的啓承轉接必須合宜，才能表現正確的意思；切不可該斷時不斷，該連接時不連接，否則極易使人會錯意。這些都是屬於語句上的問題。

最後，語言溝通常受到溝通雙方的情緒、動機、性格、態度、經驗和知覺等的影響。例如，個人處於情緒不穩定時，其措詞必較強烈，用語常不適當，甚而連其本身也無法理解。因此，人際溝通宜選擇在平心靜氣的狀態下進行。其次，個人在充滿談話動機或想與人交好的狀態下，必滔滔不絕，興緻勃勃；反之，則多沈默不語、缺乏談話的興緻。又如性子急的人說話快速而尖銳，而性子緩的人說話和緩而平穩。對人生態度積極的人話語多含樂觀的特性，而對人生態度消極的人語多悲觀。人生閱歷多的人語多平和圓潤，閱歷少的人語多尖酸刻薄。對他人的感覺較好時，常表現溫和而喜悅的語氣；而對他人的知覺不好時，常顯現不耐或厭惡的話語。當然，這些情況都是交錯複雜的。在人際溝通時，這些個人特質都可能同時交錯出現。

總之，口語溝通的最大優點，乃是在同一社會中的個人都可運用，是人際溝通最便捷的工具。此外，口語溝通能迅速地傳達

訊息，並收到立即的回應。當接收者不清楚所收到的訊息之涵義時，可快速地回應給傳達者，以作即刻的修正。然而，口語溝通若經過許多人的傳誦，有時常會發生扭曲的現象。此乃因口語極易受到音調、語句、清晰度等的影響，而形成誤傳的現象。因此，口語溝通有時必須作複誦的工作。

第三節　文字溝通

　　文字溝通或可稱為書面溝通（written communication），是運用具有共同意義的符號，有系統地溝通思想和感情的方法。文字乃是語言的符號，有時亦可和口語並列為語言文字。文字溝通可包括信件、字條、備忘錄、公文、刊物、布告、書籍以及任何以文字或符號寫成的文件。這些符號所顯示的意義，常受到文字排列順序、標點符號、啟承轉合等的影響。文字溝通可以用文字、圖畫、數字、符號、記號、藝術品等方式呈現。

　　由於文字並非人人都懂，以致文字溝通大多表現在一定領域內的人際之間。例如，文字本身只有受過相當程度教育或某些識字的人才能瞭解，以致常侷限於這些人才能運用。又如記號的使用多在具有同質性的團體成員之間，才能心領神會。藝術品所表現的訊息，必須受過同樣藝術訓練的人才能理解領會。凡此都是文字或書面溝通的限制。

　　基此，文字溝通的運用，首先必須力求通順。一篇順暢通達的文章，不但可清楚地表達它的原意，且能使人產生清新愉悅的心情；而一篇文句不通的文章，不但無法表達它的原意，且會造成閱讀者情緒的困擾和心思的混亂，致無法達到理解與溝通的目的。其次，文字溝通宜力求簡短明瞭，使人一閱讀即能瞭解其原

意而不浪費太多的時間和精力，且能得到充分溝通的效果。再次，文字溝通宜多運用通俗易懂的文句，避免採用生澀難懂的語句，較能快速地得到回應。最後，文字溝通必須切合實際，而避免虛幻空洞，致產生不必要的誤解。

有些訊息傳達採用文字溝通的方式，有其必要性。因為文字溝通是實質的，可加以保留存檔，以供查證。當人們對訊息內容有所疑義時，文字溝通可提供查證的機會，此對冗長複雜的溝通有相當的助益。此外，文字溝通可作成計畫，以提供執行者隨時的參考。文字溝通的另一項優點，是溝通者較為謹慎行事，不像語言溝通是即興式的表達。最後，文字溝通可運用於不便對話的時機與場合。因此，文字溝通具有較佳的邏輯性、明確性和嚴謹性。

然而，文字溝通也有一些缺點。首先是耗時較多，必須花費許多時間始能作成溝通。口語溝通可能在十分鐘就可講完的，文字溝通卻要花掉一小時。因此，文字溝通也許較為精簡，但卻花掉較多的時間。其次，文字溝通的另一項缺點就是無法立即得到回應。在口語溝通中，接收者可立即作回應，而在文字溝通中則不然；且口語溝通可立即檢驗溝通的正確性，而文字溝通則無法立即證實是否被誤解。惟文字溝通在人際溝通中運用較少。

第四節　語言與非語言的互用

在人際交往的過程中，通常人們會同時以語言和非語言的方式進行溝通。雖然非語言是人類最早運用的溝通方式，但是語言卻為人們最常使用的主要溝通工具。一般而言，非語言溝通方式常可協助、補充或修正語言溝通方式。易言之，人們很少以單一

的方式進行溝通，而會以非語言的方式加重、重複或對抗語言所顯示的訊息。

就相輔相成而言，非語言動作有時常伴隨著語言的表達而出現。例如，人們說到激動處或展現決心時，常有握拳的動作；在生氣時會有頓足的動作；歡樂時會有跳躍的動作，悲傷時會有搥拳的動作；得意時有揚眉的面部表情，失意時有垂頭喪氣的表現。凡此都顯示，肢體動作有加強語言涵義的作用，而語言表達也因肢體動作而更爲明確，該兩者是同時出現的，故是相輔相成的。

然而，有些非語言的肢體動作不見得能和語言表達的涵義一致。在人際交流分析中，吾人曾討論及交錯性交流，認爲兩個人的自我會產生交錯的狀態；事實上，個人的語言和肢體動作有時也會呈現不一致的情況，如言行不一、口是心非、說一套做一套等即是。此種現象或基於環境的壓力，或出自於個人的不良習性；但都有礙於人際溝通的進行，甚或破壞人際關係的維繫。因此，語言和肢體動作的表現不一致，在人際溝通上是不可取的，吾人應儘量加以避免。

準此，吾人在和他人進行溝通時，必須愼選適宜的溝通方式。一般而言，吾人若能以語言作完整的溝通時，則可儘量以語言表達；若有必要以肢體動作輔助時，則應避免誇張的動作，亦即只要作略微的潤飾或作小幅度的輔助即可。蓋誇張的肢體動作，有時不僅會失掉語言本身的原意，甚而「喧賓奪主」的結果可能會引發浮誇不實，易造成更大的誤解或困擾。不過，有時爲製造溝通的效果，稍大的肢體動作也是必要的。此外，對於一些較爲木訥的人士而言，有時肢體動作常有輔助語言的作用。因此，語言和非語言動作的交互運用，常因人因事而異。對於滔滔雄辯之士，也許不宜有太多的肢體動作；但對於木訥呆板的人

士，則常需以肢體動作來輔助語言表達的不足。

綜觀前述可知，語言和非語言溝通有時是相輔相成、相互爲用的，有時則是相互抵觸、彼此對立的。吾人有時固可單獨使用語言溝通或非語言溝通；但在大部分情況下，人們常是兩者並用的。無論兩者並用時，是否爲互助的或互相妨礙的，最重要的乃係人際溝通必須出自於彼此的誠意。唯有訴諸於誠意的溝通，語言與肢體動作才能愈爲一致；何況非出自於彼此誠意的溝通，是不容易成功的。又不誠意的溝通即使有短暫的效果，但就長期來說，還是會中斷的；若此，則很難建立起良好的人際關係。

第五節　理解他人的溝通方式

誠如前節所言，人際溝通貴在眞誠。因此，吾人應力求理解他人和自我的溝通方式。蓋溝通的有效性，乃取決於其所顯現的資訊品質，而此種品質乃依溝通者表露自己和描述感情的能力而定。雖然溝通是互動的歷程，但其中仍有賴其中參與者引導談話的主題。即使是在取和予的互動狀態下，還是會有其中一人以表達思想和感情爲主，而非只回應別人的訊息，這些都可經由各種溝通方式中顯現出來。因此，吾人在進行人際溝通時，實宜注意他人的思想和溝通方式，並作自我表露和感情的描述等溝通技巧。這些都是有效溝通的基本條件。

爲求有效地瞭解他人的溝通方式和所表達的思想，吾人必須體會下列概念：

■ 有效的溝通必須擁有豐富的資訊

在與人交談的過程中，凡是資訊愈豐富，愈能進行有價值的

交談，也愈能理解他人的溝通方式和表達的思想。就溝通者而言，知道資訊愈多的人，吸引人的機會較大。因此，個人若能廣泛地吸收資訊和增加經驗，將能發展吸引人的見解，並提供有利交談的資訊。

■ 有效的溝通能作取和予的互動

最好的溝通是能使溝通者和接收者都能享受互動。在交談過程中，若溝通者能主導交談而感到滿足，或接受者因傾聽而得到喜悅，這是成功的交談。真正的交談不是單方面的意見傳達，而是共同分享談話意義的互動過程。因此，在交談時，雙方都能各自提出觀點，並經由非語言訊息的傳達，而作交談，且得到交談的趣味的話，其間的溝通必能獲致預期的效果。

■ 有效的溝通必須有交談的計畫

雖然很多談話的主題是隨興的，但談話大多有預設的目的，只是我們並未刻意去察覺而已。即使朋友之間的碰面，只是閒聊幾句，但有關心的問話也會令人感到窩心。因此，在平日交談中實宜設想一些為完成某些目的的計畫，如此才能得到好的結果。因為交談本是互動的過程，吾人很難預知每項交談的細節；如果能在事先想好計畫，不但可在談話中作適當的回應，且可提供清楚的理由，而尋求更大的支持。

■ 有效的溝通必能交談有意義的問題

一切溝通既是有目的的，那麼為了贏得良好的友誼，不但要有交談的計畫，且必須能提出有意義的問題來對答，如此才有益於溝通的進行。因為許多時候談話的內容可決定一方如何引導對方的談話，如此當對方對所討論的問題有回應時，彼此間的互動才能得到滿意的結果。因此，為了促進意見的交流，宜培養對談

有意義的問題，並及時注意對方的肢體語言，才有助於進行最佳的溝通。

■ 有效的溝通必須肯嘗試各種交談技巧

要想使溝通愈來愈有效，必須不斷地嘗試各種溝通的技巧和方法。沒有人能在一夕之間就能成為吸引人、具機智，且有影響力和有趣味的溝通者。所有的人都必須不斷地磨練其溝通能力和技巧，並選擇各種不同的溝通方法，才能成為熟練的溝通人才。因此，不斷地嘗試各種交談技巧，不僅能增進自己的溝通能力，且可增進對他人的理解。

其他，在交談時應注意輪流說話的技巧，能作適當的切入與短暫的中止，注意輪流替換的時機，選擇引導交談的行為，敏感地察覺對方的肢體反應，並作適度的自我表露。惟在實務上，個人常有不適當的反應，導致人們的防衛或自尊的受傷，以致不能有效地達成溝通目標。這些不適當的反應包括批評性的反應、不切題的反應、轉移話題的反應、不協同的反應和打斷式的反應。

■ 批評性的反應

所謂批評性的反應（critical responses），是指針對對方的言詞或涵義作負面批評的反應。它將引發對方的反感，致無法繼續進行溝通。惟積極的正面批評或因對方留有可批評的空間，則適當的批評是有助益的。

■ 不切題的反應

所謂不切題的反應（irrelevant responses），是指和所談論的內容無關的反應。它完全忽視說話者的訊息，使說話者懷疑對方未重視他的話，甚至感受到未受尊重，如此將無法獲得同理心。

■ 轉移話題的反應

所謂轉移話題的反應（tangential responses），是指將話題轉移到其他方面的反應。此種反應將使說話者感到受傷害，而懷疑自我的價值；因爲他會認爲他的話似乎不重要，引不起注意，才會使對方失去興趣，而作此種不當的反應。

■ 不協同的反應

所謂不協同的反應（incongruous responses），是指非語言行爲和語言訊息不一致的反應。如一個人在聽過他人說話後，口頭上雖肯定對方，但卻帶有懷疑的表情或語氣，如此將形成溝通上的阻礙。

■ 打斷式的反應

所謂打斷式的反應（interrupting responses），是指別人尚未把話說完，就插嘴打斷對方的反應。在日常生活中，人們常會打斷他人的談話，包括認爲自己要說的比較重要、認爲已知他人想說什麼、想顯現給別人他已知道、沒有專心聽取別人說話等，都會凸顯自己的優越感，以致傷害他人的自我概念，而引起對方的敵意，很容易引發他人的防衛反應，此則戕害溝通的進行。

總之，不適當的反應會阻礙溝通，因爲它會引發他人內心的不平與憤懣，以及對雙方關係的不滿。不適當的反應常忽略了對他人說話的內容和意義的瞭解，很難得到同理心。是故，個人在與他人溝通時宜多注意他人溝通方式所表達的涵義，較能作有效的溝通。

第**10**章

● ●

人際溝通的障礙

- 溝通障礙存在的事實
- 內在的溝通障礙
- 外在的溝通障礙
- 語意的溝通障礙
- 解除溝通障礙的途徑

人際溝通是一種相當複雜的過程，其所傳達的訊息都可能因各種主、客觀因素的干擾而產生問題。亦即人與人之間的溝通難免會產生誤解或誤會，此實為來自於溝通的障礙或干擾。有些干擾是始自於溝通工具的障礙，有些干擾則來自於外在環境的客觀因素。有些則肇始於溝通者或接收者內在的主觀因素。這些干擾因素固有單獨出現的可能，但有時也可能同時出現。本章首先將討論溝通障礙的可能性，其次分別研析溝通障礙的內、外在環境因素和溝通語言本身因素，然後探討尋求克服溝通障礙的方法。

第一節　溝通障礙存在的事實

　　在人與人交往的過程中，都難免有溝通的障礙存在。此種溝通障礙乃是構成人際關係不佳的主要原因。然而，即使在兩個關係良好的個人之間，也可能因溝通不良而形成誤解。因此，人際溝通的障礙始終是存在的。吾人若欲建立或維持良好的人際關係，就必須隨時隨地注意溝通的各項細節，察覺其對溝通所可能造成的不良影響，進而防範其對人際關係的破壞。

　　就整個溝通過程而言，溝通發動者本身就可能表現溝通的干擾或障礙。例如，溝通者語音的不正確、肢體語言的不適當、詮譯不全、故意歪曲等，都是一種溝通障礙。此種障礙可能形成他人無法理解，或「聽而不聞，視而不見」的反應，終至拒絕與之溝通。其次，溝通接受者也可能顯現溝通的障礙。最明顯的例子是，接收者常表現漫不經心的態度，以致無法理解溝通者說話的原意，而作出錯誤的反應。這些都是溝通障礙的現象。

　　就溝通本身而言，溝通的主體就是溝通發動者和接收者，而

溝通是否有效乃是發生在兩者之間。然而,影響其間溝通有效性的因素,絕非僅限於溝通者和接收者。正確地說,溝通是否有效,除取決於溝通者和接收者之間的主觀因素之外,尚決定於許多其他的客觀因素和環境的限制。尤其是人們所使用的溝通工具——語言本身。這些影響因素不僅用來解說一般的溝通歷程,也同樣適用於研討溝通的障礙。

　　就溝通過程而言,溝通者、編碼、溝通媒介、語言內容、接收者、譯碼、回饋等因素之間,以及其內、外在環境,都可能形成溝通的干擾或障礙,其如圖10-1所示。本章為簡化起見,僅分為內在溝通障礙、外在溝通障礙以及語意的溝通障礙,然後據以研析如何解除各種溝通障礙。

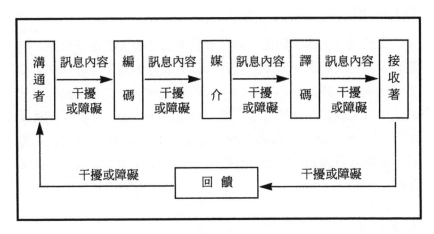

圖10-1　溝通過程與干擾或障礙

第二節　內在的溝通障礙

在人際溝通的過程中，絕大部分的障礙乃係來自於溝通者和接收者本身。蓋個人是否願意與人溝通，係取決於個人的主觀意識；亦即個人的內在歷程往往決定了溝通的是否進行或溝通的是否有效。當個人具有與人相處的動機和意願時，必然會進行與他人的溝通，並追求溝通的成效；否則，他必避免和他人溝通，更遑論溝通成效。然而，個人若無法有效地進行與他人溝通，即表示其間有了障礙產生。此即為個人內在的溝通障礙，這些障礙將分述如下：

自我封閉

人際溝通的最大障礙之一，厥為來自於個人的自我封閉。通常個人的自我封閉，大多始自於心理上的挫折感，此種挫折感使人產生與外界隔絕的心態，而不欲與他人交往和互動，如此自無溝通可言。誠如本書第二章所言，自我乃是決定人際交往的最基本因素，倘若個人作自我封閉，則他人將無從進入他的內心世界，自無進行溝通的可能。是故，自我封閉實為人際溝通的最大障礙。

知覺偏差

個人是否願意與他人溝通，有時係肇始於個人本身的知覺。例如，個人認為某人非常明理、很有見地，那麼他將樂意和某人交談；相反地，個人認為某人很不講理或見識膚淺，那麼他和那人交談的可能性就會降低。因此，人際溝通與否，有時常是由知覺而決定的。易言之，兩個人間之所以出現溝通的障礙，有時是

因為彼此知覺的歧異所造成的。由於個人之間過去經驗的不同，目前動機狀態也有所差異，再加上成見已深，自然在知覺上會有背道而馳的現象，以致形成對資訊的不同解讀，如此自會造成溝通上的障礙。吾人常說：「說者無心，聽者有意。」即指此而言。

欠缺誘因

在人際溝通過程中，若缺乏足以吸引個人進行交談的誘因，則很難引發彼此的交談和溝通。例如，某人對某些活動興趣缺缺，認為太浪費時間，則與他人談論有關這些活動的主題時，必無法引起他談話的興趣，且無法進行該項活動的交談與溝通。因此，在與他人進行溝通時，必須瞭解他人的興趣所在，否則必使溝通無法持續。是故，欠缺個人動機也是人際溝通障礙之一。

個性極端

根據一般學者的研究顯示，一個人人格的缺陷，往往是不易與人溝通的原因之一。此種人在日常生活中，容易表現極端的性格與行為，這些特質如侵略性、孤僻、反社會性、不服從性、叛逆性、自卑、自傲、不易合作等，不但無法與他人建立良好關係，且不易與之溝通。極端性格的個人在行為表現上，有時是過分的強勢，有時是過分的弱勢；對某些人過分強勢，對另一些人又過分弱勢；在某些地方表現強勢，在其他地方又呈現弱勢，可說是具有反覆無常的特性。此在人際溝通上常形成障礙。

價值差異

人際溝通的障礙，有些是來自於彼此價值感的不同。當兩個人在談論某項主題或事件時，若其價值觀不同，常會引發彼此的

爭議；尤其是雙方堅持自己的觀點時，更是如此。此乃因在每種情境當中，個人都會接受自己認為最有價值的部分，尤其是在更多可供選擇的資訊狀態之中，尤然。由於每個人堅持其理念與價值，以致使溝通無法繼續進行，此即為「話不投機半句多」的涵義。

情緒不穩

　　情緒是最足以影響人際關係與溝通的因素之一。平穩而理性的情緒，有助於人際關係與溝通的建立與維持；而不平穩且欠缺理性思考的情緒，則很容易戕害人際關係與溝通的進行和維繫。因此，不穩定的情緒乃為構成人際溝通障礙的主要原因之一。當某人在感受到他人情緒化的言行時，他必然關閉與他人溝通的管道，甚而阻絕與他人的交往，以免自己受到無謂的傷害。此外，極端的情緒對相同訊息的解讀也會發生偏差。當個人在生氣或高興的不同狀況下，接收到同樣的訊息，其感受會有所差異，以致曲解了訊息的原意，終將破壞正常的溝通原則。亦即個人處於歡樂或沮喪的不同情境下，往往容易拋棄理性和客觀的思考，取而代之的是情緒性的判斷。

負荷過重

　　今日乃為多元化的社會，其資訊可說處於爆炸的狀態；然而，個人由於精力與時間的限制，很難接收到各種訊息或體會訊息的內容，以致造成若干誤解或誤會。當個人處於過多資訊的狀態下，常易為資訊數據所淹沒，而不能吸收適當的資訊，將很難作出合宜的反應，以致溝通愈多，失誤也愈多，負擔也愈沈重，此將使個人的信心愈來愈薄弱，終而形成溝通的障礙。因此，資訊負荷過重，將打擊個人處理溝通的能力，卒而造成人際溝通的

障礙。

不良聆聽

　　個人不良的聆聽習慣，也是構成溝通障礙的主要原因之一。此種不良聆聽習慣的養成，一方面乃來自於個人的選擇性知覺，另一方面則始自於個人的不良習性。前者乃因個人常基於自我的動機、需要、經驗、背景及其他個人的特質而形成的；後者則出自於個人人格的缺陷、容易產生偏見和成見、心胸偏狹、執拗等特性所造成的。此種不良的聆聽習慣極易造成說話說者感受到未受應有的尊重，終將破壞溝通的持續進行。

　　總之，人際溝通的障礙很多都是個人主觀的意願所造成的；惟此種主觀意願不僅和個人內在因素有關，而且和個人所處的外在環境也是密切關聯的。當然，個人主觀的內在環境本身就存在著許多複雜的因素，這些因素相激盪而形成個人的內在心理因素，並影響其溝通的意願，此正爲本節所討論的重點所在。下節將繼續探討影響溝通障礙的各項外在環境因素。

第三節　外在的溝通障礙

　　人際溝通是否產生障礙，大部分固受到個人主觀的內在因素之左右，但有時也常受到外在客觀因素的影響。例如，個人有時想和某人交往，並進行溝通；但卻因家人的反對而放棄，此即顯示外在的壓力有時會造成個人主觀意願的改變。因此，外在溝通環境的因素有時也是溝通障礙的原因。這些因素很多，有時可能單獨形成溝通障礙，有時卻同時阻礙溝通的進行。茲分述如下：

空間距離

　　有時溝通的障礙是因為空間距離所造成的。兩個沒有機會相處的個人,是無法建立關係或形成溝通的;即使是兩個親密的個人也可能因距離的遙遠,而使得親密程度日益降低,則其間的溝通必逐漸減少。此乃因空間的距離一方面形成新的溝通與交往對象,另一方面則因距離的遙遠而逐漸造成心理距離,或形成不同角色,終而產生不同的理念、觀點、態度和立場,以致對訊息有了不同的解讀,容易造成溝通上的隔閡,更形成溝通的阻礙。

時間壓力

　　在人際溝通的過程中,若任何一方有迅速回應的時間壓力時,則可能造成溝通上的失敗。蓋緊急的情勢將使溝通趨於膚淺或失誤,以致時間壓力乃形成溝通的障礙。一般而言,有比較充分的時間溝通,則可對溝通的內容和過程,作充分的交流和瞭解,此有助於雙方尋求共識。相反地,太少時間的壓力將無法作縝密的思考,更甭論作充分的交流,故難有成功的溝通機會。因此,時間壓力乃是人際溝通障礙的外在環境因素之一。

地位隔閡

　　地位隔閡是人際溝通障礙的社會環境因素之一。一般而言,人與人之間的溝通或交往,若同處於相同或相當的地位時,往往比較貼切;且有可以共同討論的主題,或具有相同的理念,實有助於雙方思想的交流與共識的建立。相反地,若交往的雙方因地位的差異或懸殊,則容易形成彼此的隔閡或鴻溝;此不僅無法拉近彼此的距離,更難產生共識。惟有時一些地位較低的個人,有尋求向地位較高的個人交往或接觸的欲望,其目的無非在藉此提

升其自我地位。

參考架構

參考架構（frame of reference），是指一個人用來評估自己言行的標準；此種標準一方面是認同標準，另一方面則爲比較標準。前者是用來引導自己言行的標準，後者則爲區分與自己言行不同的標準。認同標準可縮短人們之間的心理距離，有助於人際溝通的進行；而比較標準則在區隔人們的不同言行；若此種差異擴大，則可能拉大雙方的心理距離，而形成溝通的阻礙。蓋在不同參考架構下，不同的個人會依其過去經驗，而對相同事物作不同的解讀，如此自易形成溝通的誤解或扭曲。

過濾作用

所謂過濾作用（filtering），是指在溝通過程中，由於資訊的層層傳遞，而經過中間媒介人員的修改或操控，致使原有的訊息發生質變或量變的現象。由於人們是生存在大社會之中的，任何一方發生訊息難免因眾多個人的不同理解或知覺，而導致有意或無意的扭曲，以致引發訊息原意的改變，甚或產生許多誤會或誤解，此將戕害溝通的進行。顯然地，過濾作用是人際溝通過程中常會發生的現象；且在人員眾多的組織或群體當中，此種過濾作用更可能發生。

缺乏回饋

人際溝通的障礙之一，就是缺乏有效的回饋。一般訊息的回饋可用來確定雙方對訊息的瞭解是否一致。如果缺乏訊息的回饋，則溝通者將無法確知接收者的反應是否準確，而無法提供更詳盡的正確訊息；且接收者也可能因收受到錯誤的訊息，而採取

了不適當的行為。因此，缺乏有效的訊息回饋，將導致溝通的失敗，甚或引發更大的誤解。

　　其他，在人際溝通過程中，有關外在環境對人際溝通的干擾因素尚多，諸如過長的時間可能引發人們的不耐、燠熱的環境可能導致人們情緒的不穩、噪音可能形成分心與注意力的不集中、強光可能分散人們的注意力、移動的事物可能打斷人們之間的談話等，凡此種種都是人際溝通的障礙。當然，人際溝通和其他事物一樣，都是受到許多因素之交互影響的，吾人實宜多注意和掌握溝通過程中的各項細節。

第四節　語意的溝通障礙

　　人際溝通除了會受到內、外在環境因素的干擾之外，溝通工具所使用的語言有時也會直接阻礙溝通的進行。此乃因語言本身即為溝通的工具，即使是相同的語言文字，對不同的人都各具有不同的意義。顯然地，語言的不同意義並不是完全來自於語言本身，而是使用語言的人的文化背景、教育程度、身分地位、性別差異、個性、年齡等，常影響到對語言的使用和對字義的理解程度。顯然地，這些因素都會形成語意溝通上的障礙，有關語意上所造成的溝通障礙，大致上有如下諸端：

語法結構

　　人際溝通最主要的工具，乃是語文。惟語文的文法結構所要表達的涵義常有一些距離，以致很難在溝通的雙方產生一致的見解。另外，文句的各種符號、語言的持續或停頓、語調的抑揚高低、音質的清濁明暗等，都各自代表不同的涵義，給予每個人不

同的感受。在使用語言表達意思、尋求溝通時，若不注意這些細節，甚或加以倒置，將引發不必要的誤會或產生某些誤解，卒而形成溝通的阻礙。因此，語法結構的不正確使用，確會造成溝通上的障礙。

文字排列

文字排列的順序不同，其所表現的涵義自有差異。因此，訊息傳達者在表達上必須慎選字眼，並將訊息作一番整理，使訊息接收者能清楚地瞭解。蓋正確地使用語言，乃能將所欲表達的意義傳達給對方，使對方能充分地瞭解與接受，此則有賴於語文排列順序的正確性。否則語文排列不正確，必形成語意上的混亂，造成內容的不明確，以致接收者有不同的領會，如此自易招致誤解，而形成溝通上的阻礙。

語言內容

語言內容乃是人際溝通所真正要傳達的訊息，為了避免訊息內容形成溝通的障礙，訊息傳達者必須簡化語言，並考量訊息所要傳達對象的特性與程度，才能使語言和訊息接收者協同一致，否則必無法有效的溝通。事實上，語言內容是固定的，只是每個人的心性不同，對相同事物常有不同的知覺和見解；再加上個人的主觀意識，常將印象所得的聯想構成事實。是故，人們所傳達的是對「實體」的解釋，而不是「實體」本身的內涵。由此可知，語言內容必須配合「實體」而運作，以免造成不必要的誤解。

語意含混

在人際溝通的過程中，最忌諱的乃是語意的含混不清。若訊

息傳達者不能表達清晰的語意，將使人陷於不明確的情況中。此種不確定性會讓人產生心理上的困擾，而無法集中心力進行有效的溝通。語意含混的情況，如該說而不說、欲語還休、模糊的肢體動作、諷刺的字眼等，都會形成溝通的障礙和阻斷。是故，語意的含混有時常衍生猜疑和不信任感，此將戕害人際關係的建立與維繫。

語意歪曲

在人際溝通的過程中，最足以形成溝通障礙的乃是語意的歪曲。語意歪曲乃為出自於人為對語言的故意曲解，而對語言的故意曲解則始自於個人的成見和偏見，此對人際溝通將造成重大損害。是故，語意的曲解並不是語言本身的問題，而是出自於溝通雙方的心理缺陷與人格缺失。此種故意的歪曲通常是因為彼此懷有仇恨而圖思報復所引起的，而不是語言內容和語言涵義出現疑義，故是不值得原諒的行為。

專業用語

專業用語是專屬於某個階層或某種專業群體的成員所使用的語言，對其他階層或非專業人士來說是不適當的。因此，在人際溝通的過程中，使用專業術語必構成溝通上的障礙，這是不足取的。例如，在醫院中醫師和護士使用的專業術語，必使病患產生焦慮感，而懷疑自己患有不治之症，此對醫病關係必是一種戕害。是故，在不同專業人士之間的人際溝通過程中，最好能避免使用專業術語，以免造成不必要的誤會。

總之，語意所形成的溝通障礙，固有出自於語言方面的問題，但最嚴重的應是人為的疏忽與故違。吾人若想進行有效的人際溝通，並建立起良好的人際關係，除了必須審慎運用語言之

外，切不可以歪曲的語詞去傷害對方，以免造成無法補救的地步。

第五節　解除溝通障礙的途徑

有效的人際溝通對人際關係的影響，是相當重要的。因此，個人為了建立與維持良好的人際關係，必須作有效的溝通，去除溝通的障礙。至於去除溝通障礙的途徑和方法甚多，其至少可包括下列途徑：

善用溝通語言

複雜的語言乃是溝通的主要障礙，當人們運用難懂的術語時，將導致他人對其概念轉化的困難。一般人之所以運用專業術語，乃在便於專業團體內溝通，並凸顯該團體的地位；但對外在團體的成員，往往會引起溝通的障礙。而溝通既在尋求瞭解，則運用專業術語，將無溝通可言。甚至於語言的結構、內容等，都必須講究且避免含混，甚或歪曲。因此，語言溝通的運用必須顧及所要溝通的對象，注意其對個人所可能的反應；亦即對各種不同個性或領域的人員，宜運用適合於他們的詞彙。

健全完整人格

有些溝通上的障礙乃是出自於個人心理上的因素。為了克服這方面所造成的障礙，宜健全每個人的完善人格。不健全的人格會阻礙與他人溝通的誠意，此種人多喜自處，具有封閉性人格和自卑心理。至於，有健全人格的個人多不會持有自傲的心態，且會協助他人消除心理上的隔閡，教導他人培養積極的人生觀，於

平時多採取開放的胸襟，容納各種不同的意見，則在溝通時當可降低各種阻力。

控制自我情緒

　　誠如本章第二節所言，個人情緒影響人際溝通的成效甚巨。因此，吾人在與他人溝通時，必須保持平穩的情緒，庶能完成有效溝通的目的。因為不管是溝通者或接收者對訊息的編譯或解讀，都會受到情緒的影響。平穩的情緒對訊息會作正確的解讀或解說，而極端的情緒常故意曲解訊息的涵義。易言之，當個人處於情緒激動時，不僅會對訊息加以扭曲，而且也很難清楚而正確地表達所想要傳達的訊息。是故，個人宜在情緒平靜時，才從事溝通活動，較為適當。

培養同理感應

　　溝通乃在尋求共同的瞭解與心心相印的效果，因此培養同理心乃是重要的條件之一。所謂同理心（empathy），就是為他人設身處地設想，並料定他人的觀點和情感的能力。此種能力是接受者導向的（receiver-oriented），而不是溝通者導向的（communicator-oriented）。溝通既取決於接受者所接受的程度，則同理心自然須置於接受者的位置上，以求真正的訊息能為接受者所瞭解和收受。任何個人之間的溝通，同理心是最重要的要素，有了它自可降低各項有效溝通的障礙。

作有效的聆聽

　　在人際溝通時，只作聽取是不夠的，傾聽才足以促進真正的瞭解。有效的聆聽對人際溝通是很重要的，它可使演講者有一種受尊重的感覺，容易產生共鳴。曾有學者提出所謂「良好聆聽的

十誡」，就是暫緩說話、讓說話者有安適感、暗示說話者你想聆聽、集中注意力、具同理心、忍耐、控制脾氣、寬厚對待爭議和批評、問問題以及暫緩說話。暫緩說話既是第一誡，也是最後一誡。這些對人際間的溝通是很有用的。當然，這其中尤以決定去聆聽為最重要，除非決定去聆聽，否則溝通是無效的。

注意肢體動作

人際溝通的進行或成效，不僅受到語言本身的影響，而且也受到肢體動作即非語言線索的左右。為了達成有效的溝通，個人不應只注意語言所顯示的涵義，而且要注意肢體動作的輔助作用。通常，溝通者或接收者的肢體動作，有增強或抑制語言涵義的作用。不管肢體動作的涵義為何，它確會影響溝通的成效。因此，一位有效的溝通者必須注意非語言線索，使其能真正地傳遞所想表達的訊息。

利用非正式傳聞

非正式傳聞有時是有用的，有時是無用的，但它是非正式溝通的產物。非正式傳聞往往比正式溝通來得快速，而且有效。因此，非正式傳聞是不可忽視的。在基本上，非正式傳聞是一種面對面的溝通，具有極大的伸縮性。對個人來說，傳聞有時是一種有效的溝通工具。由於它是面對面的溝通，故可能對接受者有強烈的影響力。由於它能滿足許多心理上的需求，故是不可避免的，個人在與他人溝通時可設法去運用它，但應確保它的準確性。

規劃資訊流向

規劃資訊流向，乃在確保個人能得到最適當的資訊，而減少

溝通的負荷過高之障礙，且去除可能的過濾作用。規劃資訊的目的，乃為控制所有溝通的品質和數量。此種理念乃依據管理的例外原則（exception principle）而來，它是指偏離重大政策和程序的事項，才需要管理者寄以關注。依此，則個人應在需要溝通時，才進行溝通的工作，免得浪費太多的時間和精力，卻無法得到溝通的效果。同時，亦宜防止資訊被作不當的過濾。

利用直接回饋

回饋是有效溝通的要素，它提供了接收者反應的通路，使溝通者能得知其訊息是否已被接收到，或已產生了期望的反應。在面對面的溝通過程中，是最可能作直接回饋的。然而，在不太密集的溝通中，由於接受者回饋的機會不多，以致常發生不正確的情況。此時為確保溝通原意的不被曲解，必須多進行密集的溝通，或多作雙向溝通，以利用直接的回饋，而達到溝通的效果，且避免誤解。

追蹤溝通後果

追蹤溝通的目的，乃在確定溝通是否得到所預期的目標，對方是否真正瞭解所傳達的訊息。更重要的，追蹤乃在確保溝通者的理念不被誤解，因為在溝通過程中隨時都有被誤解的可能。基本上，追蹤乃是溝通的後續行動，其乃在檢驗溝通接收者是否領會或誤會真正訊息的意義。所謂意義（meaning），就是接收者內心的想法。如某些訊息已長期為舊友所瞭解，而被視為善意；但對新朋友而言，則可能解釋為負面的，此時則有賴追蹤得知其想法。

總之，有效溝通乃是人際交往的利器，其可能影響個人是否能建立與他人的和諧關係。因此，個人在進行與他人的溝通時，

宜多注意溝通的內容、媒介等因素的影響，且培養和溝通對象建
立起同理心，善用各種溝通技巧，當可得到所期欲的反應，並建
立和他人的密切關係。

第11章

溝通能力的培養

- 認清溝通環境
- 健全自我能力
- 勇於面對人群
- 持續溝通訓練
- 實際身體力行

人際溝通能力和其他能力一樣，都是要經過不斷地學習和訓練的，何況與人溝通本就不是一件容易的事。惟溝通是人類生活的基本技巧之一，有了良好的溝通能力，將可結交許多朋友，並與他人建立或維持良好的人際關係，且過著愉快的生活。易言之，有效的溝通不僅可培養良好的人際關係，並可改善個人的生活品質。唯有效的溝通需有良好的溝通能力，而溝通能力是屬於個人的；唯有個人不斷地訓練自己，才能培養出良好的溝通能力。此外，個人若想要擁有溝通能力，就必須能審視環境的情況、肯於自我訓練、勇於面對人群、不斷地持續訓練，且能身體力行。本章將依上述各項，再作更進一步的探討。

第一節　認清溝通環境

　　人際溝通能力必須有審視溝通環境的敏感性，才能做好人際溝通的工作。因此，有效的溝通必須有適宜的環境。雖然溝通有時並不需要刻意去安排環境，但合宜的環境確實有助於溝通的氣氛。例如，柔和的環境有助於穩定個人的情緒，此對人際間的溝通更有助益。是故，人際溝通不能忽視環境的因素。雖然人際的交往或溝通並不一定是刻意安排的，而常是偶然的碰頭或閒聊，但適當的環境則有助於溝通的達成。例如，急迫的時間無法深談，自然不能觸及問題的核心，自無溝通可言。

　　然而溝通環境到底包括那些因素呢？溝通環境和其他工作環境一樣，至少包括物理環境、社會環境和時間環境等要素。物理環境如溫度、亮光、聲音和其他物理因素，都可能影響溝通的有效性。例如，酷熱的環境是不利於談話的，而亮光和雜音是會干

擾溝通的，其他不當的物理環境因素也可能分散人們的注意力，凡此都有礙於人際溝通。相反地，舒適的溫度、柔和的亮光、悅耳的樂音和其他適宜的物理環境，則有助於人們集中精神和注意力於人際溝通上。顯然地，各種物理環境是會影響溝通的。

在社會環境方面，影響人際溝通的變數也很多。諸如，人際互動的次數和品質、個人的動機和欲望、社會團體成員的壓力、社會文化的限制等，舉凡與人類行為有關的因素，都足以影響人際溝通的有效性。當人際間愈為熟稔、個人愈有交朋友的願望、團體成員關係愈為和諧、社會文化容許人們之間作更多的活動時，則人們之間的交往和溝通愈為頻繁，其間的溝通效率愈能精進。相反地，人們之間沒有交朋友的意願、人際陌生而無法開放自我、人際關係不和諧、社會文化壓抑人際間的交往，則人際交往和溝通必然較少，甚且幾至無溝通之可言。是故，社會環境的確會影響人際溝通。

至於，在時間因素方面，充裕而和緩的時間提供人們作充分思考的餘地，故可作充分的溝通，甚而在有了誤解時也可作充裕的討論，此有助於達成溝通的目的。然而，急促而緊迫的時間壓力，不僅無法作充分的討論，甚且在有了誤解時也無時間可作澄清，故而常阻礙溝通的進行。因此，時間因素的確是吾人在作溝通時必須兼顧的。

總之，在人們進行溝通時，當時的環境因素確實會影響溝通的進行與成效。一項完好的溝通工作，必須能審視當時的情境。易言之，一位具有溝通能力的個人，必須具備認清溝通時各種情境的能力。如此才能做好溝通工作，並完成溝通的目的。是故，認清溝通環境的能力，乃是溝通能力之一，為溝通者所必備的技能之一。

第二節　健全自我能力

　　一位善於溝通的人，不僅需有審視溝通當時情境的能力，而且要有健全的自我概念。健全的自我概念乃出自於對自我的信心。當個人有了自我信心時，常能堅定自我立場，完成溝通目標。因此，健全的自我能力實是個人良好的溝通能力之一。一位具有溝通能力的個人，必須先健全自我的能力。至於，自我能力可運用在人際溝通上的，至少有：字彙能力、拼字能力、閱讀能力、語言能力、理解能力、記憶能力、察覺能力、推理能力、心理運動能力、應用能力、反應能力等等。

　　在人際溝通的過程中，個人所擁有的字彙愈多，所認識的文字愈多，使用語言愈為方便，則溝通愈能順暢；相反地，個人所擁有的文字或懂得語詞愈少，則與人溝通愈困難。此外，個人即使擁有充足的語言文字仍然是不夠的，他尚需有應用語言的能力；凡是應用語言的能力愈強，溝通的效果就會更好；而應用語言的能力愈弱，溝通就愈不能順暢。這些都是口語溝通上所必備的能力。

　　然而，誠如本書第九章所言，溝通方式除了口語溝通和文字溝通之外，尚有肢體語言溝通。肢體語言溝通尤其需要理解能力、察覺與觀察能力、推理能力、心理運動能力和反應能力等。凡是上述能力愈強或愈敏銳，愈能進行有效的肢體溝通；反之，愈弱或愈遲鈍，則愈缺乏溝通的效果，甚而引起反效果。例如，一個具有敏銳反應的接收者，在溝通者表現一項動作之後，很快就能心領神會，此將有助於雙方產生同理心而引發共鳴的溝通行動。

　　當然，人際溝通有時是口語溝通和非語言溝通並用的。因

此，就事實而論，上述各項能力都是必需的，且是可互用而相輔相成的。對於一位善於溝通的個人來說，他必須自我訓練，以培養各項能力，期其有助於溝通的進行，並達成溝通的效果。易言之，個人具備溝通的各項能力，必能順利進行溝通工作；否則若缺乏這些能力，常不易進行溝通工作。

最後，在培養個人自我能力時，必須不斷而廣泛地吸收各種知識，提升自我見聞。蓋有時一些相關或無關的知識，亦能提供一些相同的原理原則，用以完成某種特定的目標。當個人具有各種廣而深的知識，而在與人溝通時，必能無往不利。是故，廣泛地吸收各種知識，不僅在充實自我，而且更有利於溝通的運用。至於，自我訓練的方法有不斷地閱讀、多與人溝通或談話、多觀察他人的談話、學習他人的溝通技巧、提升自我對他人的敏銳程度、用心學習各種知能等，都有助於培養自我的溝通能力。就溝通的過程而言，自我才是決定是否與人溝通的主要因素。缺乏自我的意願將無以進行溝通工作。

第三節　勇於面對人群

個人要想培養良好的溝通能力，不但需有自我的完整能力，而且必須能面對人群。蓋人群正可提供個人表現自我的舞台。一個人若長期地處於人群之中，不僅能學習與他人相處之道，而且能訓練自己的口才。易言之，人群的主要功能一方面固在提供滿足個人的內在需求，另一方面則可發揮交互影響的作用。

就內在需求而言，人群提供個人的安全感、親和需求、認同感、尊重感、歸屬感、發展權力和表現自我成就的機會，而這些正是個人在與他人溝通時建立自信心的基礎。當個人擁有這些基

礎時，則在人群當中必更有自信，從而發展出自我的溝通才能，如此可奠定良好的溝通基礎。相反地，個人若欠缺與他人相處的安全感、認同感和歸屬感時，他必然會排斥與他人接觸或逃避人群，如此將無從學習與他人的相處之道，更甭論與他人的溝通了。因此，訓練自己面對人群不但可滿足個人的內在需求，而且可建立與他人溝通的機會，進而達成人際溝通的目標。

再就人際影響而言，人群正是提供人們相互交往與彼此溝通的最佳場所。人際間的相互影響，乃係基於人際的相互吸引，此與人際溝通具有正面相關性。基於人際吸引，人際溝通才能進行，卒而完成人際影響力。同樣地，有了良好的人際溝通，才能產生人際吸引和相互影響。因此，個人處於人群中因習於固有交往的模式，且在相互吸引的親密關係中，乃能不斷地培養良好的溝通技能。

當個人能勇於面對人群時，不僅能磨練自我的溝通技能，且能克服溝通恐懼症。所謂「溝通恐懼症」（communication apprehension），是指個人在與他人溝通時所產生的害怕和焦慮感。此名詞乃於一九七〇年首先由美國西維吉尼亞大學的麥克羅斯基（J. C. McCroskey）教授所提出的。當個人有了溝通恐懼症，常在與他人溝通時產生焦慮不安的情緒，如此自然很難進行正常的溝通，甚或加以逃避。為了克服溝通恐懼症，個人就必須多與他人接觸，學習多面對人群。凡是越能在人群中力求表現和互助的人，越能克服害羞的心理障礙，且不會產生溝通恐懼症。

總之，凡是能勇於面對人群的人，自然會拋棄溝通恐懼，善於運用人際溝通的原則、學習溝通的技巧，進而開拓人際溝通的管道，充實人際互動的內涵，累積個人的生活經驗。因此，不斷地學習勇於面對群眾，多與他人接觸，乃為培養個人溝通能力的手段與方法之一。

第四節　持續溝通訓練

一個人要想培養其溝通能力，必須不斷地持續訓練自我能力；亦即作自我管理的發展，其內容不外乎是溝通理論、溝通原理、溝通心理、溝通技巧及其應用、自我情緒的掌握與管理等。至於溝通訓練的方法甚多，諸如研讀有關溝通的書籍資料、參與各種討論會、自我演練、角色扮演、參加敏感性訓練、多觀察、多思考、多體驗等；經由這些多方面的自我訓練，久而久之必能瞭解溝通原理，熟悉溝通技巧的應用。

就研讀相關資料而言，個人透過這樣的自我訓練，當可充實有關溝通的知識，並瞭解什麼是溝通、應如何溝通、溝通些什麼、應運用那些方式溝通以及溝通的目的為何等，如此自可建立溝通的基本概念。至於參與各種討論會，無非在學習他人的溝通方式與技巧，體驗他人各種可能的看法和想法，此可幫助個人對他人的瞭解，並將之運用在人際溝通的過程上。

此外，自我的演練可嫻熟自己的溝通技巧與知能，從中瞭解自我在溝通上的優點和缺點，應如何改善自我使之趨於較完善的境界。再者，個人若能扮演他人的角色，當能領會他人的立場，瞭解他人之所以如此談話的原因，從中獲得同理心，並能設身處地為他人著想；此不僅有助於人際溝通，並可用來改善人際關係。至於參加各種敏感性訓練，可培養出個人對他人觀察的敏銳性，體會出溝通訊息的真正涵義。

雖然自我溝通訓練的方法甚多，然而在基本上乃為個人必須隨時隨地多觀察、多思考、多體會。倘若缺乏這樣的歷程，無論個人參加再多的團體活動，或研讀再多的相關資料，都無補於事。唯有用心觀察、體會、思考，才能瞭解溝通內容的真正涵

義，避免產生不必要的誤解。此不獨在溝通上如此，且在其他事物方面亦然。

　　最後，持續自我溝通訓練，尚需培養自我肯定和信心，此可訓練自己表達自我的感覺、想法和願望，運用自我的合法權益，以求做到良性的溝通互動。此種自我肯定是可以透過學習的歷程而獲得的。自我肯定的學習可擴大個人溝通的對象群體，並產生積極的正面溝通態度。自我肯定訓練的學習可瞭解自己是屬於被動型或自動型、激進型或保守型、肯定型或缺乏自信型、消極型或積極型的人，從而採取改正自己錯誤的溝通方式與行動，導引自我採取正確的溝通方法，以求順利地進行有效的溝通。

　　總之，個人不斷地在溝通上作持續的自我訓練，自然能培養出良好的溝通能力。他必須廣泛地蒐集有關溝通的參考資訊，不斷地作自我訓練，多觀察多體會，才能從中建立起自我的信心，以求做到合宜的人際溝通。

第五節　實際身體力行

　　人際溝通並不是一種理論或原則而已，它是一種實務的過程，必須經過實際的體現才能完成的事務。人際溝通是人們交往的媒介，人際間必須有溝通始能建立其間的關係。因此，人際溝通是一種實務的過程，它必須經過深入的體會與實踐，才能真正地達成溝通的目的。個人唯有實際身體力行，始能瞭解溝通的真正內涵。是故，個人要想擁有實際的溝通技能，必須實際努力地練習人際溝通的各種途徑與技巧。

　　人際溝通的實務即為人與人之間實際交往的經驗，個人若想建立與他人的關係，就必須善用溝通技巧，此時他就應設法多與

他人接觸。惟個人在與他人接觸時，常易產生恐懼感，其原因一方面固係受到社會情境與禮儀的限制，另一方面則受到個人內在不確定感的壓抑。社交情境與禮儀不是每個人都能瞭解的，以致個人常孤立於人群之外；而自我不確定感是因個人潛意識的負面想法，使自我無法超脫。因此，個人想要訓練自我的溝通能力，就必須不斷訓練自我接觸人群，實際從接觸經驗中去體驗溝通技能。

　　至於，個人克服自我恐懼感的途徑，有如下步驟：首先，可分析自我反應，去除負面情緒和貶抑自我的感覺。其次，調整和他人接觸時的心態，避免自我的負面想法，多想自己的優點和正面想法。再次，調適一旦受到拒絕時的感受，諒解對方不得已的苦衷，避免情緒化的反應。同時，個人隨時要有接受被拒絕的心理準備，一旦真的被拒絕時感覺會好些。最後，在與人交談後，可回想事情的經過，檢討自己說了些什麼、什麼說對了、什麼說錯了等，以作為日後再與人交談時改進的參考。

　　此外，實際與人溝通時必須能隨時注意肢體語言，不斷地練習，並將之運用於實際溝通上。在溝通實務上，個人要想建立良好的溝通關係，必須主動設法與人交談，在心理上認定對方和自己是一樣的，如有相同需求、意願和興趣，如此才能產生共鳴，彼此之間才會有談天的真正意願。易言之，個人在嘗試與他人說話前，必須先靜思片刻，放鬆自己，注意觀察和感覺，並利用過去的經驗配合自己的直覺，以產生現場的應對能力。至於最具挑戰性和成就感的話題，就是能面對現實，且能告訴他人自己心理的實際想法和所要達到的目的。

　　在個人與他人正式進行談話時，必須懂得提出問題，注意聆聽並作反應，同時能做一些自我剖析。一般而言，問題可分為禮貌性的問題和知識性的問題兩種。禮貌性的問題只是一些問候

語，在作過開場白之後，就必須進入知識性的問題。知識性問題是具有實質內容的問題，可表現一些想法、感覺和中心思想，是真正的訊息交流，可帶給他人一些初步的背景資料，引發彼此的共鳴，並縮短相互的距離。

在正式交談後，個人要想懂得和他人的聊天，需具備有讓對方感覺到你已把話聽進去的能力，此即為注意聆聽並作適當的反應。在溝通過程中，將注意力集中在對方所說的事情上，並能做出適當的反應，是相當重要的。因為這是產生共鳴的基礎，唯有如此才能進行有效的溝通。此外，注意聆聽並做出反應，也表示個人對他人的注意、關心和尊重，並由此而獲得相同的注意、關心和尊重。

最後，個人想培養自我的溝通能力，尚必須具有自我剖析的能力，缺乏此種能力將無法改進自我的溝通技巧。自我剖析可提高對談雙方的親密度，唯有開誠布公才能達到與他人親近的目的。自我剖析並不是要隨意公開自己內心的秘密和需求，而只是表達一些切題的自我想法、感覺、需求和有趣的經驗，以求共享彼此的樂趣，為相互的關係注入活力和吸引力。當然，當個人與他人的親密關係已達到成熟階段，未嘗不可讓他分擔秘密，提供一些意見。蓋過度壓抑個人情緒將會產生不安，而由此所產生的不確實感也會阻斷彼此間的關係。

總之，溝通是一種組合問題、注意傾聽及自我剖析的藝術。溝通的基本方法就是打探和提出真正的問題，並配合個人開誠布公的真誠態度，讓對方能感覺到和瞭解到，如此自然會增進彼此心靈的契合，達成真正溝通的目的。一位想要訓練自我溝通能力的個人，必須深切的體會這些過程，然後實際身體力行，如此自可成為具有溝通能力的人。

第四篇

●●●●●●●●●●●●●●●●●●●●●●●●●●●●●

實務上的運用

　　人際關係與溝通是實際顯現在個人日常生活或工作之中，而左右個人的生活或工作品質的。因此，吾人除了需探討人際相處的各種理論和原則，以掌握其基本概念與原理之外，尚須能將之實際運用在人際交往上，以求能建立和諧的人際關係，開創人類的幸福生活。本篇首先將探討工作場合中的人際關係，此乃因人們大部分的生活或事業的表現，都在工作中與他人互動的過程與結果之故。其次，吾人尚須討論日常生活中與他人相處之道，這是生活中的人際關係之主題。再次，則在研析各種人際關係的溝通，亦即人際溝通的實際運用技巧。接著，研討有關協商談判的技巧。最後，乃在探求團體互動技巧。

第**12**章

• •

職場上的人際關係

- ■ 與上司的互動關係
- ■ 與同事的互動關係
- ■ 與部屬的互動關係
- ■ 與外界人士的關係
- ■ 人際相處不睦的原因
- ■ 維繫良好關係之道

就人類生涯而言，人們一生當中爲謀求生活就必須從事於工作，而工作中與人相處的關係往往是決定事業成敗的關鍵。因此，在組織中工作必須尋求與他人的合作，而建立或維持良好的人際關係是人際合作的基石。不過，建立和維持和諧的人際關係並非一蹴可幾的，它是長期地在與人互動的過程中而逐漸顯現的。本章將探討在組織中和各個階層人士的實際互動關係，然後研討人際相處不睦的原因，並尋求建立與維持良好關係的各種實際途徑。

第一節　與上司的互動關係

　　個人在進入組織工作後，首先接觸到的是上司，上司是指派和指導個人工作的人。因此，個人能和上司建立起良好的工作關係，將有助於工作的順利進行和未來升遷的便利。相反地，個人若無法和上司維持良好的互動關係，不但個人的工作會阻難重重，且使自己的生涯進展產生危機。是故，個人必須尋求和上司的良性互動，嚴守倫理分際，多向上司討教，彼此互助合作，建立主管和部屬相互需求關係，腳踏實地工作，保持與主管的工作聯繫，並表現對上司的忠誠。

　　當然，個人若想和上司建立起良好的關係，首先必須做好個人份內的工作，才能得到上司的賞識。個人在工作中不僅在把事情做完而已，而且要把事情做好，培養強烈的工作動機，積極負責地爲上司分憂解勞，而不是把問題拋給上司去解決，如此才能贏得上司的好感。其次，要想和上司建立良好的關係，必須能主動支持上司，爲上司辦理一些份內的事，甚至支援與自己無直接

關聯的事務，如此上司自然會支持你，彼此互助。

此外，人際吸引的基本條件即在相互欣賞，彼此之間能產生好感。在日常生活中，當一個人討厭另一個人時，後者也必然會討厭對方。因此，不管上司的能力或表現如何，下屬都必須體認上司之所以能成為上司必有其個人條件，故而對上司的知能、經驗、處世態度等的支持都是必要的。再者，就個人本身而言，個人也必須培養親和性，發展真誠而自然的性情，能細心體察上司，適時給予實質上的支持，並能尊重上司，表現必要的忠誠，凡事多與上司溝通。

個人若欲與上司建立良好的關係，尚須瞭解上司對自己的期望和考評部屬的標準，並依此標準努力表現。在工作上遭遇到困難問題時，能徵詢上司的意見，隨時討教，必能獲得上司的肯定與支持。在工作表現上，個人必須先求付出，再談收穫。另外，個人須有協助上司成功的觀念，因為有了成功的上司，才會有成功的部屬，唯有先幫助上司成功，個人才有保障，甚至可爭取到權益和福利。

最後，一位傑出的員工不僅在工作上要有優異的表現，而且在情緒上必能保持理智。一位容易情緒化的員工，不但不為同事所認同，而且很難獲得上司的欣賞。在與上司互動時，個人應注意自己的角色言行，不幸遇到操守不佳的上司，更應小心應對進退，以免陷於無法自拔的泥淖。此時，個人不應一味地取悅上司，而能夠以建設性的反對來表達自我立場，或許可贏得更多的尊重。

當然，個人要想和上司建立與維持良好的關係，尚需具備良好的溝通技巧，如注意傾聽、懂得發問、簡述語意、要求回饋，並作自我肯定等。如果主從雙方都能瞭解溝通的重要，並分享雙方的意見和訊息，自然就能彼此溝通順暢，雙方的需求才能得到

滿足，則雙方自然更能相處愉快而相互依賴。

　　總之，個人要做好一位部屬，且與上司保持良好的關係，最重要的就是能取得上司對自己的信任，而取得信任的方法就是努力去完成自己的工作目標，勇於接受新工作的挑戰；隨時作自我反省，誠懇地接受上司的批評與指導；讓自己成為上司的良好工作夥伴。當個人愈能與上司接觸和溝通時，就愈能瞭解上司的為人，對彼此的互動就愈為順暢自然。如此個人不但會受到上司的喜愛，也會更喜歡工作和上司，從而建立與維持良好的互動關係。然而，個人在和上司擁有良好的友誼和互動時，仍須注意職場倫理，對上司保持應有的尊敬。

第二節　與同事的互動關係

　　此處所謂的同事，是指具有相同職位或地位不相隸屬關係的人員而言。此等人員在工作職位上雖不相統屬，但對同機關或組織內部事務是必須相互協調，才能完成共同目標的。是故，同事間良好而和諧的關係，是相當重要的。凡是從事工作者都可感受到同事相處的重要性。一位善於與人相處，且能展現親和力的同事，工作時必能得心應手，得到他人的協助，而表現工作效率。相反地，特立獨行、自我意識強而容易與人發生衝突的人，必然孤立而很難獲得他人的欣賞與認同。蓋同事關係不僅影響工作品質和工作滿意度，且滿足了人們的社會性需求，促進工作上的合作與組織訊息的流通。組織內部運作相當複雜，個人很難獨自去獲得組織內的所有訊息，而同事正是吾人獲得組織訊息的重要來源。

　　然而，每個人都有他自己的心性，在眾多同事中與他人相處

是需要學習各種相處技巧的。首先，個人必須瞭解個別差異的存在，而採取不同的相處態度和技巧。每個人的專長、興趣和經驗都不相同，新進人員和資深人員的工作表現自有差異，如此反而必須相互尊重，彼此相互砥礪磨練，培養相互欣賞的態度與精神；發言時需能謹慎，且能積極而謙虛地討教，表現工作熱忱，必能得到他人的信任，而完成共同的事務。

在自我要求方面，個人必須培養「自信」，而去除「自大」，以免傷害同事的自尊心。「自尊」是人類基本的心理需求之一。在工作場合中，每個人的年資、經驗、職位和專長能力等固然有差異，但自尊心是相同的。是故，尋求與他人建立「同理心」，考量每個人的自尊心，是建立與他人良好關係的不二法門。當同事在工作表現不佳時，絕不可落井下石或幸災樂禍，而應多多給予關懷、支持和安慰，則必能得到他人善意的回報，從而建立與維持良好的同事關係。

在工作場合中，個人固有義務建立和同事的良好關係，但有時學習合宜地拒絕同事不合理、不合法的要求，也是相當重要的人際關係課題。一般人都有不好意思拒絕他人要求的念頭，以致於吃力不討好，人際關係反而愈弄愈僵，如此真是得不償失。因此，一個人沒有必要事事討好別人，應合理地婉拒不合法的行為，以免喪失自我。當然，若是合於自己能力範圍與合法途徑，而能給予他人若干承諾，此則可藉由他人的肯定而提升自我價值，又可因此而建立與維持合宜的關係。不過，要拒絕不合理的要求時，必須注意溝通的技巧和態度，以減輕個人所承受的壓力。

此外，在同事相處的過程中，難免因個別差異而引發不和的狀況。此時，個人必須多用理性的態度面對，避免採用情緒化的手段。因為情緒化的手段不但無法解決人際衝突問題，甚而會加

深其間的裂痕。當個人與同事發生誤會或衝突時，宜運用理性思考，探討可能發生衝突的原因，對症下藥；必要時可採用隱忍的態度作合理的讓步，或適當地尋求第三人的協助，以化解其間的誤會與衝突，切忌感情用事，情緒泛濫，造成無可彌補的憾事。

個人建立與同事間的良好關係，比和一般人建立和諧的關係尤為迫切。因為同事之間相處是每日工作必然會遭遇到的，其不僅足以影響個人的工作情緒與效率，甚且會影響個人的事業發展與生涯規劃。因此，個人除了須注意和培養一般人際相處的知識與技巧之外，當須體認不同的工作性質、組織氣氛，適當地運用工作規律，以增進和同事間的良好關係。一般在工作場合上，個人必須懂得尊重別人的隱私；能揚善於公堂，規過於私室；隨時關懷他人，給予必要的協助；避免與同事發生不可告人的關係；合宜地接受工作分配；避免推諉塞責和占人便宜；稱呼同事應避免連名帶姓；非關公事，避免渲染或批評；樂於與同事分享工作經驗，避免自我炫耀；遵守工作規則，尊重他人職掌。

另外，平日在工作上宜多向資深或年長者請教，但也不宜輕視資淺或年輕的同事。因為年長或資深者固可提供吾人工作上的指導，而年輕或資淺者也能提供工作上的協助。同時，在與同事相處時，尚需注意公私分明，切勿以私害公，損及工作關係。當個人能謹言慎行地與同事相處時，就可避免引發不必要的人際困擾與衝突。當然，每個人在工作中難免都會遇到一些與自己在個性、態度、為人處世和生活習慣上不相同的人，此時個人仍須勉力與之共事，拋開對對方的不良印象，面對問題、解決問題，如此才能贏得同事的友誼與支持。即使遇上難以共事的同事，仍宜態度溫和自然，切忌以防衛的姿態面對，更不宜以敵視的態度對待，否則將引發更大的攻擊，此不僅於事無補，且會更加深解決問題的困難度。

更有進者，同事之間宜表現支持合作的精神，保持坦誠無私的工作關係，對同事的工作表達興趣、關心、欣賞的態度，承認別人的價值與貢獻，親切溫和地對待他人，以認可的讚美態度與人相處。當一個人能很有禮貌地對待同事，相對地就會贏得他們的尊重與支持。當然，與同事相處所要依循的基本法則，就是遵守團體規範，此種規範是所有成員的不成文期望和行為指針。當個人能處處遵守規範，避免和他人發生摩擦，就能得到他人的好感與協助，從而建立起穩固的友誼基礎。

　　總之，人是無法離群而索居的，但人際關係也非一夕之間所可建立起來的。個人若想在工作場所中與同事建立和維持良好的人際關係，就必須重視自我形象的塑造。此時，個人必須做個敬業樂群的人，在處事上要謹言慎行，以禮待人，給人親切感；說話時需掌握重點，清楚表達內容，且面帶微笑以使人產生好感；以專心、認真和嚴謹的態度處理事情，不因身分不同而改變態度；且在平時多保持自然平實的心態，不要有矯柔造作的舉止。此外，個人宜多掌握內外環境資訊的變化，擴展自我的知識領域，以充實與他人交往的內涵；常懷感恩的心情與他人交往，多參與公司的活動，如此自有助於自我形象的塑造和人際關係的開展。

第三節　與部屬的互動關係

　　在工作場合中，主管與部屬的關係常影響工作效率的良窳。一位優秀的領導者或主管常能建立與部屬的良好互動關係，從而能帶動部屬完成組織所賦予的任務。在工作關係中以主從關係（supervisor-subordinate relationships）為最重要。此種關係乃

係由一位擁有權力的上司或管理者負責督導部屬，其主要任務不外乎：

1.增進部屬的工作技能，以求符合組織的要求。
2.提供訊息回饋，使部屬得知自己的工作表現和須力求改進之處。
3.督促部屬完成自我和組織工作目標。

因此，身為主管必須具備良好的溝通能力，對部屬的工作任務有充分的知識與瞭解，並將之正確地傳達給部屬。

此外，主管必須能清楚地描述工作行為，運用清晰的語詞，提供建設性的意見與建議，避免使用生澀或消極性的字眼，才能給予有效的回饋。同時，主管必須設法尋求瞭解部屬的需求，作一個善於傾聽的人。在懂得或具備這些技巧之後，主管才能督導部屬成功地達成工作目標，並滿足其需求。

在實務上，主管固然握有管轄部屬的各種權力，惟部屬對主管的事業生涯和工作能力也具有決定性的影響。此時，主管必須瞭解自我的角色。一位主管至少需扮演下列角色：直接或間接影響他人、督促工作目標的達成、協調部屬間的爭議等。因此，作為一位主管必須設法培養自我的領導特質，這些特質如社交能力、溝通能力、領悟能力、洞察力、口語能力、學識能力、可靠性、積極性、合作性、社會成熟性、主動性、熱誠等等。個人具備這些特質雖不一定能成為成功的主管，但缺乏這些特質則不可能成為成功的主管。是故，個人必須學習或培養某些領導特質，以求作為一位成功的主管。

其次，領導者欲與部屬建立良好的互動關係，當須審視領導情況而採用適宜的領導方式。一般而言，若部屬的能力甚強或較

積極主動，則採用民主領導方式是適宜的；而若部屬能力甚弱或工作精神鬆散，則採取較嚴格管制的領導方式可能較爲適宜。當然，領導方式並無所謂的正確與否。有些主管給予部屬直接的指示，很能夠得到部屬的服從；而有些主管給予部屬充分做事的權力，也能得到某些部屬的尊敬與服從。有些主管常詢問部屬的意見，有些則不在意部屬的想法。有些主管置身於部屬團體的過程中，有些則主控部屬團體發生的一切問題。這些都需依團體結構、主從關係和當時情境等狀況而定。

然而，可以確定的，主管要想和部屬建立或維持良好的主動關係，必須能發揮領導的功能。至於發揮領導功能的先決條件，首先須對工作任務具有豐富的知識。一位主管雖不是部屬團體中唯一的訊息提供者，但主管具有豐富的知識，比較能得到部屬的順從。主管在各方面的知識愈豐富，愈有能力分析部屬所提出的問題，且能得到部屬的更多尊重。

再者，主管本身即具有帶動示範作用，他必須是一位能以身作則的人，因此他必須比部屬更爲勤奮。當部屬看到一位做事積極、肯主動負責，且能大公無私地付出的主管時，他就會去支持這位主管。因此，一位主管除了要比部屬更爲勤奮之外，尚必須做某些個人的犧牲，才能帶動部屬，並與之建立和維持良好的關係，且贏得部屬對執行工作任務的承諾。

當然，主管建立本身的自信心是相當重要的。自信心除了影響主管本身的領導能力之外，也是部屬據以建立團體信心的基礎。主管如果缺乏自信，團體自然感到茫然，對團體目標和團體需求也無法產生信諾。此種情況不僅會影響工作任務的完成，也無法與部屬之間建立互信的基礎。

最後，主管必須與部屬維持自然的互動，秉持大公無私的態度來對待每位部屬。主管對每位部屬都必須是公正而不偏不倚

的，對於重大事務都能透過團體的充分討論和參與，以促進與部屬之間的良好互動關係。有效的主管必須能讓部屬有良好的感受，從而增進部屬的凝聚力；易言之，他必須是兼具工作任務型角色與關係維持型角色的人。

　　總之，主管不僅是工作上的領導者，也是良好人際關係的創造者。他必須能獲得部屬的支持，因此本身需具有豐富的知識、開闊的胸襟、自我肯定的能力、比部屬更勤奮、對工作目標和部屬需求有承諾、願意承擔責任、能與部屬作自然的良性互動、具有完成任務與維持關係的雙重能力，如此自能與部屬建立與維持良好的關係，且能達成組織任務和滿足部屬需求。

第四節　與外界人士的關係

　　在工作中，個人有時常需站在第一線與外界人士接觸，而接觸所形成的關係將影響到個人或組織的形象。因此，任何人都必須重視與外界人士的關係，且須據以建立自我和公司的良好形象。在傳統上，外界人士可包括顧客、銷售員、社區人士、家長、政府官員、記者、商家等非組織內部的人員。這些外界人士雖非組織內部的所有成員，但都與組織有相當密切的關係。凡是組織的所有成員，不論在任何情形下都必須能與大眾建立良好的關係。當然，組織目標與外界需求有時常有扞格的情況發生，此則有賴溝通技巧的運用。

　　不過，組織畢竟是存在於大社會之中的，擔任第一線角色的人員必須瞭解外界人士的需求，以免發生無法解決的重大問題。在組織中，擔任第一線角色的人員若無法妥善處理與外界人士的關係，往往會導致整個組織的挫敗。因此，作為組織的成員必須

讓外界人士感受到被尊重，使用同理心、注意傾聽、善於衝突處理以及建立平等態度的溝通技巧，才不致於形成敵對的關係。

當然，組織目標有時常與社會環境相互扞格，此時處於第一線工作者常陷於「進退兩難」的境地。惟在今日企業環境中，成功的第一線工作者必須學習不斷地去傾聽、分享訊息，以謀求有利於雙方方案的選擇。雙方維持良好關係的第一要務，就是在運用協商的方式以達成符合雙方的最大利益。因此，第一線工作者必須能運用問題解決的策略，以協商的合作方式技巧地處理衝突。

惟在解決困難問題的過程中，第一線工作者必須順從公司政策而缺乏主控權時，則宜將公司的政策告知對方，說明自己的處境，讓對方瞭解公司的政策，以求能持續維持良好的關係。同時，個人在解說公司政策時，尚須注意所使用的術語。當個人與組織內同仁交談時，固可運用組織所特有的術語，但對外界人士則須避免使用此種術語，而必須選用一般通俗的語詞。組織內部工作人員若使用外界難懂的語言，將很難建立與外界的良好關係。

個人在與外界人士建立關係時所扮演的角色，通常可稱為「越界角色」。此種角色所建立的關係可說相當複雜，有時此種關係是平行的相互依賴，有時是上下的主從關係。然而，不管此種關係為何，保持適度的禮貌和令人愉悅的情緒與態度，是最基本的要領。在人際初次交往時，此種要領固屬重要，而在持續交往過程中仍應秉持此種態度，才能使良好關係得以持續，甚而後續的說明和服務，更是組織內部人員所應持續堅守的準則。

當然，增進與外界良好關係的準則甚多，諸如理解和洞察對方的心理、多與他人接觸、信賴對方、真誠相處、尊重對方的想法、善解人意、誠心交談、多請教、容忍或包容對方缺點、不心

存成見、肯定別人能力，甚至於適度容忍對方無理要求等，都是建立與維持良好人際關係之道。

　　總之，人與人之間的關係是相當複雜的，個人不僅要有健康的心理特質，腳踏實地作自我努力，而且要能適宜地與他人相處，建立良好的關係，才能得到他人的認同與協助，以求為自己和他人創造幸福的生活環境。因此，人際關係是現代人所必須重視和學習的學問。

第五節　人際相處不睦的原因

　　人際關係不僅是一門學問，更是一種人際相處的技巧與藝術。個人若無法理解其中的奧妙，必不能與人和睦相處。是故，個人不僅要探討人際關係的理論與原則，而且必須在實務上作直接的接觸。惟在實務上，個人常會遭遇到一些無法掌握的問題。當個人在與他人相處時，偶爾會遇到相處不順的困境，形成此種困境的因素，有些可能是情勢造成的，有些是來自於他人的因素，而有些則出自於自我的原因。誠如本書第二篇所言，人際關係是自我、與他人互動和整個環境所造成的。因此，影響人際關係不良的因素，也脫不出此種軌跡，不過，本節只從互動過程分析其原因如下：

個性不合

　　個人與他人相處不睦的原因，很多都出自於個性的不合。此用於探討夫妻關係，尤為貼切。就個人一生的歷程而言，每個人的遺傳、環境、學習與成長歷程都不相同，以致每個人對人、事、物等的態度也大異其趣，以致養成各個人的不同個性。此種

不同個性表現在人際關係當中，常會引發人際衝突，而形成人際相處不睦的原因。當兩個個性完全不同的人相處在一起時，其間的意見必南轅北轍，時起爭執，甚而發生衝突。此時，除非有一方改變自己的看法或容納對方的不同見解，否則必難以相處。因此，個性不合往往是人際相處不和睦的最主要原因。

理念不同

　　人際相處不睦的原因，除了可能來自於個性不合之外，尚可能基於工作理念的不同。當然，工作理念的不同也可能因各個人之間人格或個性的差異所形成的。由於個別差異而產生不同的工作態度，再加上工作環境的分化，將造成人際間的不和睦。此種不同理念不僅存在於各個專業之間，甚且存在於相同工作單位內部的成員之間。由於個人對自我專業的執著，再加上各個人工作習性的差異，往往更擴大彼此理念的間隙，終至影響人際間的情感，而形成相處不睦的原因。

角色衝突

　　人際相處不和睦的另一個原因，乃是各個人所扮演的角色相互衝突之故。由於各個人的不同角色產生不同的立場，此種立場乃是情勢使然，很難因個人個性的改變而改變。此時，雙方都居於各自的立場行事，將很難取得一致的默契，以致造成彼此之間的扦格。因此，角色衝突實是人際相處不和睦的原因之一。當然，此種角色衝突可包括自我的角色衝突和人際間的角色衝突。例如，個人自我的多元角色即可能形成角色衝突，此時個人會自覺無所適從，而導致人格的違常，終將釀成人際衝突的根源。因此，角色衝突不管是來自於自我的或人際間的，都可能形成人際相處不睦的原因。

情緒不穩

有些人際關係的不和睦，係因某個人情緒的不穩定所造成的。當某個人情緒不穩定時，常會感染到周遭的人，以致引發不必要的誤會與衝突。因此，不穩定的情緒是良好人際關係的殺手。世上絕沒有人願意接近情緒不穩定的個人，此乃因每個人都有自衛的本能，以避免受到傷害。是故，不穩定的情緒會戕害人際關係，造成人際間的疏離。個人若欲與他人建立或維持良好的關係，就必須從健全自我情緒做起，才能贏得他人的尊重，進而願意進行接觸，從而奠定穩固的友誼基礎。

反應失當

人際相處不睦的另一項原因，乃為在溝通時作不適當的反應。此種不適當反應包括不切題的反應、轉移話題的反應、言行不一致的反應和打斷話題的反應。不切題的反應是指做出和所談論主題無關的反應，轉移話題的反應是指改變原來話題內容的反應，言行不一致的反應是指說話內容和肢體動作不一致的反應，而打斷話題的反應是指打斷他人談話的反應，這些已於本書第九章有過詳細的討論。然而，這些反應在人際關係與溝通上不僅不禮貌，而且會構成溝通的障礙而引發反感。倘若個人做出太多不適當的反應，將無法與他人建立共識，卒而形成衝突的來源。

總之，人際相處不睦的原因甚多，其有來自於個人的，也有肇始於互動過程和情境的；然而，基本上仍取決於人際相處技巧的欠缺圓融。例如，個性不合、理念不同、角色衝突、情緒不穩、反應失當等，都可透過不斷地溝通或學習而獲得改善。倘若個人有和他人建立良好關係的意願，只要能從日常生活的細節上多加觀察、思考和作自我反省，當能養成圓熟的人際關係態度，從而建立和維持與他人的良好關係。

第六節　維繫良好關係之道

　　人際關係的建立與維持，大部分固然取決於個人的自我意願與態度；然而，其維繫是否良好常決定於人際的互動過程。易言之，人際互動過程並不是個人所可單獨決定的，有時仍須依他人的態度與意願而定。倘若個人有建立良好關係的欲望，但仍受到他人的排斥，則人際關係將不易建立或維繫。因此，個人在實務上若遇到此種情況，則宜採順其自然的態度，否則勉力而為，將只會自討沒趣。不過，就基本立場而言，個人仍宜採取較開放的態度，以寬闊的胸襟對待他人，至少也能問心無愧地泰然處之，此為人際交往所應秉持的基本修養。本節將提出一些維繫良好關係的途徑如下：

1. 多閱讀有關人際關係與溝通的書刊，並修習人際溝通的課程，以養成良好的溝通習性。
2. 多接觸人群，以觀察他人的心理狀態，培養團體精神的合群觀念。
3. 平時能心平氣和地對待他人，避免翻舊帳，以培養新情感。
4. 多注意別人的優點，避免批評別人的缺失，且能接納別人的缺失。
5. 多吸收自我的知識，增進自我的見聞，用以提升自我的新能力與處理人際關係的技巧。
6. 增進自我專業能力，用以協助他人完成其目標，自可贏得他人的好感。
7. 管理自我的情緒，避免一時失控，而損害個人的自我形

象。

8. 在工作中應好好地學習，以發揮自我潛能，經過自我肯定，自可贏得他人的信賴。

9. 在人群中能發揮親和力，以塑造平易近人的形象。

10. 增進自我價值和尊嚴，自可協助他人提升其價值和尊嚴。

11. 能喜歡自己的才能，才可能尊重和欣賞他人的才能。

12. 給予工作新的價值觀，並打破權威觀念。

13. 隨時注意並檢討自己對他人的態度，避免作不適當的反應。

14. 若有批評的必要時，宜先稱讚再溫和地批評，但不宜作過深的批評。

15. 若有改正他人錯誤的需要時，宜就事論事，避免作人身攻擊。

16. 儘量具體地陳述意見，並提出修正的方法。

17. 多持正面的積極態度對待他人，避免以負面的消極態度待人。

18. 真心誠意地對待他人，信守對他人的承諾，以建立自我的良好形象。

19. 隨時關懷他人，且能尊重他人隱私，避免張揚或宣染他人缺失。

20. 多尋找他人長處，並加以學習，以拉近彼此間的距離。

　　總之，維繫良好的人際關係之道，必須從個人自身做起，然後能處處關懷別人，並常存感恩心，且常不吝於給他人掌聲。如此不僅可提升自我形象，且能建立與他人的良好關係。

第**13**章

• •

其他場合的人際關係

- ■ 家人
- ■ 鄰居
- ■ 朋友
- ■ 同學
- ■ 陌生人

個人自出生以來，即接觸到家人、親人、鄰里、朋友、同學、同事和陌生人，這些人都會影響個人的行事，同時也受到個人的影響。因此，吾人要探討人際關係，就不能遺忘了與這些人之間的關係。除了職場上的人際關係已於上一章討論過之外，本章將研析如何建立與維持和家人、鄰居、同學、朋友和陌生人等的關係。事實上，所有的人際關係都是社會互動的各個單位，每個環節都是相因相成、互為因果的。是故，每個人都必須重視這些不同的關係，以增進整個社會的繁榮與發展。

第一節　家人

　　「家」是一個建構社會的單位，也是人際關係最親密的團體。「家」也是養成個人人際關係的基本單元，它是個人人格的養成所，更是個人最早接觸到社會的訓練場。理想的「家」是和睦相處，很少發生緊張和衝突的地方；惟在事實上，「家」並不總是風平浪靜的，因為家庭成員也可能會有不同觀點、立場和興趣，以致表現為差異的行為。然而，「家」畢竟是個人安身立命之所，故而任何個人都必須能與家人建立親密的關係，以協助個人成長與發展。

　　就整個家族的關係而言，家庭中至少包括夫妻關係、親子關係、兄弟姊妹關係，甚至於親族關係等。夫妻關係可說是人類最親密的關係，所以有人說「夫妻是一體的」、「夫唱婦隨」或「婦唱夫隨」。是故，任何人都必須重視夫妻關係。坊間談論夫妻關係常有不同見解，看法不一而足，最主要乃在於不同的觀點和態度所致。就人際關係的基本原理而言，夫妻相處之道貴在相互坦誠

與彼此尊重。

在社會學上，有所謂的同質團體（homogeneity group）或異質團體（hetrogeneity group）。同質團體是指具有相同態度、觀點、興趣等特質的成員所組成的團體，而異質團體則指由不同態度、觀點、興趣等特質的成員所組成的團體。此用來解說夫妻關係亦然。固然，同質性夫妻的思想較為一致，且能過著幸福的生活；惟在事實上，夫妻都來自不同的家庭環境，其思想和行為很難完全一致。在此種情況下，夫妻的相處唯有依賴不斷的溝通和坦誠，才能尋求共同的瞭解，據以建立共同的興趣和生活目標。

其次，由於夫或妻都來自於不同的環境與成長歷程，此尤有賴相互尊重而共同生活。當夫妻之間有了共同的生活目標和行為時，固屬可喜，而一旦有了不同的意見時，必須透過彼此的溝通而作相當的讓步或容忍。只有能相互包容的夫妻，才能彼此尊重，而不拘束彼此的行為，讓對方有相當自由自在的空間，如此當能增進彼此的情感，促進更進一步的交流。

在實務上，夫妻關係的性質可擴大為父女關係、母子關係、朋友關係、同事關係等。如果夫妻關係能兼具這些性質，則婚姻關係將更為甜密。蓋父女關係或母子關係能讓對方得到安全、安慰、受照顧等的感受，而朋友關係或同事關係將使對方感受到彼此的相互照顧、尊重、協助和友誼。因此，有人說夫妻關係原本固已親密，但若能加上父女、母子、朋友、同事等相關性質的關係，那將是最甜密的夫妻了。

至於，親子關係也是影響個人人格正常成長與否的重大因素。在傳統上，中國社會所強調的「父（母）慈子（女）孝」觀念，並不會因時代或社會變遷而改變其價值。以今日心理學的觀點而言，當一個人能得到父母方面充分的愛（絕不是溺愛），也必能懂得自愛和愛人；相反地，一個充滿暴力傾向的個人，常出自

於過度溺愛或充滿暴力的家庭。由此可知，開明的親子關係必能培養出開明的子女，而封閉性的家庭氣氛或親子關係必養成封閉性的子女。顯然地，個人在家庭中的親子關係，將與個人在社會中的人際關係互為表裡。個人若欲建立與他人的良好人際關係，也必須重視自己的親子關係。

此外，根據近代心理學的研究顯示，兄弟姊妹之間的排行次序，常影響個人的人格發展與人際關係。中國傳統社會所強調的「兄（姊）友弟（妹）恭」，是吾人所必須奉為圭臬的。當兄姊能對弟妹展現其慈愛心和關懷心時，弟妹也必能對兄姊回報以尊敬心和順從心；相反地，兄姊處處為難或不關心弟妹，則弟妹自無從對兄姊產生敬重和禮讓。同樣地，弟妹若事事請教和尊敬兄姊，兄姊必樂於指導和愛護弟妹，否則，兄弟姊妹之間的關係就無法得到較圓滿的結果。當然，上述情況仍需視其他條件的影響而定。然而，兄弟姊妹之間相處之道，乃在於相互禮讓、尊重、互信互賴、多關心、相互幫助等，確是堅守不移的道理。至於兄弟姊妹之間相處的好壞，都將影響個人日後與人相處的關係。

最後，親族關係雖不直接屬於家庭關係，但也會影響家中成員關係與日後的人際關係。任何人除了需建立與維持和家人的親密關係之外，也必須重視親族的關係。有人說：「對長輩禮貌是本分，對平輩禮貌是和睦，對晚輩禮貌是高貴，對眾人禮貌是安全。」此運用於親族關係或其他關係是相當貼切的。通常親族之間各種輩分都是存在的，而親族之間的相處必須和和氣氣而帶些相當禮貌的成分，且能相互忍讓、彼此協助，如此才能建立與親族之間的良好關係。

總之，「家」是社會的學習場，是人際關係的訓練所，個人必須在「家」中向家人學習相處之道，才能適應社會上的人際關係。倘若個人連與家人都無法和睦相處，將甭論與社會人士建立

起親密的關係。當然，這仍會受到其他情境的影響。然而，「家」是個人安全的避難所，是個人之間最能維繫感情的地方。當個人在遭遇到不如意或不順遂的時候，「家」是最能讓人得到安慰的地方，許多在外界無法得到滿足的事物，「家」往往能提供最安適的滿足。因此，個人必須重視和培養家人的密切關係，從而能擴展到與鄰居、同學、同事、朋友和陌生人建立起良好的關係。除了同事關係已於前章討論過之外，以下各節將繼續探討其他關係。

第二節　鄰居

鄰居是住在同一社區的人，尤其是比鄰而居的人。就社會學的觀點而言，鄰里是社區的小單位，其居民的關係是相當密切的，可說是福禍與共、利害一致。因此，鄰居之間必須建立親密的關係，才能互助合作，而謀求共同的福利。當然，鄰居的合作必須能遵守社區共同生活和行為規範。例如，不製造噪音、不製造髒亂、不在社區喧嘩嬉鬧等，都是社區內鄰居之間必須遵守的規範，也是每個人應盡的義務與應守的責任。

其次，鄰居之間必須有往來。所謂「敦親睦鄰」、「遠親不如近鄰」，可見鄰居的重要性。鄰居之間必須認識，有來往，才談得上「守望相助」，否則將很難互助合作。在基本上，鄰居相遇至少要能簡單問候、微笑，甚至於作若干交談。當搬入新社區以後，應對鄰居作禮貌性拜訪，請其多協助指導，如此必能建立起良好關係的基礎。

當然，鄰居相處時難免身分地位或其他因素而產生扞格，此時絕不能表露出鄙視或不屑的態度，否則不易引起對方的好感，

甚至可能加深彼此之間的裂隙。在雙方產生誤會或誤解時，起初盡量予以容忍退讓，而一旦對方無理取鬧或橫行霸道時，始予以反擊，以使對方瞭解不可輕侮，但避免以不法行為或手段反擊，以免觸犯法律而負刑責。蓋倘若如此作為，日後將難以修復雙方關係，故必須審慎為之。

在常態上，鄰居相處和一般人一樣，都必須能以真誠相待。所謂「精誠所至，金石為開」，就是這個道理。當吾人以誠心對待他人，他人必也會回報以真誠。鄰居要想和睦相處，至少要做到不論人是非長短，且在任何一方有困難時，能及時伸出援手，則日後一旦有難，對方必也會回報以相同的協助。

當鄰居在有相當的認識與瞭解後，可相互協助的事務甚多，如在出遠門時可託付以看顧房子、照顧花園、餵食寵物、代收郵件、代繳小額收費等事務，如此將更能增進彼此情感，互助合作。其他，鄰居間的小聚會，若能邀請他們參與或抽空參與，都能增進彼此的情感。如相約爬山、登山郊遊、野外露營、各種餐會等，都是拉近鄰居心理距離的良好方法。

此外，鄰居之間也應做到禮尚往來，如有多餘的蔬菜可分享鄰居。在鄰居之間若有機會，偶爾贈送一些小禮物，也能令人感動莫名；此後受贈者一旦有機會，亦應回贈，如此自可增進雙方情感。當然，鄰居相處並不僅限於物質的往來，最重要的是心理或精神上的相互支持與支援，如鄰家有喜事而前往慶賀，有不如意事而前往慰問，都是贏得鄰人好感的良好方法。

總之，鄰居相處之道，貴在真誠，而凡事都能為他人設想，以愛自己和家人之心擴大去愛護鄰里，必能贏得鄰人的尊崇；而一旦己方有了危難，才能得到他人的協助。若與鄰居老死不相往來，而一旦有了危難，鄰居將無從知悉，而無法得到適時的協助。需知，人類社會自始即是相互依存的，而鄰居是除了家人之

外最有機會親近的人。因此，吾人不能忽視此種人際關係的存
在，而必須時時與鄰人建立密切的關係，至少也要維持熟識的關
係。

第三節　朋友

　　個人在社會上生活都難免需要結交一些朋友。朋友在平時可
相互協助、談心，而在危難時可協助個人度過危機。因此，朋友
是人際關係中很重要一環。所謂「居家靠父母，出外靠朋友」，可
見朋友的重要性。因此，吾人不能忽視朋友這層關係，而應於平
時多多結交知心的朋友。當然，朋友有來自於同事、同學、同宗
以及其他社會各個層面的人。然而，所謂朋友，應指能夠交心的
人，不管他或她都可以是朋友。俗謂：「士為知己者死，女為悅
己者容」，都是屬於知心的朋友。

　　至於朋友究應如何相處呢？何謂真正的朋友呢？這是一門不
深不淺的大學問。因為他們是來自四面八方的人，可以是長輩、
平輩、晚輩，可以是男性或女性，也可以是社會高階層的人或低
階層的人，唯一的條件就是能與自己心靈相契合的人，才會成為
真正的朋友。真正的朋友會是誠心相助，尤其是有危難時不退縮
的人。一般所謂的「酒肉朋友」，並不是真正的朋友，而為非作歹
的朋友，也是要「敬而遠之」的朋友。易言之，真正的朋友應是
品行端正、誠心交往，且能與自己心靈契合的人。依此，則「泛
泛之交」可能無法排入「真正朋友」之列。本節所擬討論的「朋
友」，僅以此為限，則此種朋友當屬於可遇不可求的。

　　世上難得有「知己」的朋友，因此每個人都必須把握機會結
交知心的朋友。至於，朋友相處之道，是我們要認真探求的。個

人若要結交真正的朋友，首先需建立良好的自我形象，並採取坦然的態度，與開放的胸襟，能作適當的自我表露，才能贏得他人的信任與好感，以便為更進步的交往作準備。倘若個人缺乏自我形象和自我表露的能力，將無法贏得他人的信賴，更遑論作更進一步的交往。

就自我形象的建立而言，每個人在與他人結交成好朋友之前，必先經過認識的過程，而初識時必始自於個人的第一印象，良好的第一印象使人產生良好的知覺，由於有了良好的知覺才能作更進一步的交往。例如，兩人在初次交談時，發現彼此的看法相近、想法雷同，此時會產生「英雄所見略同」的感覺，這就是一種契合，也是雙方對對方的良好印象。相反地，若兩人在見面交談後，有一種「話不投機半句多」的感慨時，就是彼此的不投契，雙方將無持續交往的基礎。

其次，朋友交往之道必須有開放的胸襟，才能相互坦誠。當個人在與他人交往時，若在心理上設定藩籬，他人將無法進入其內心的世界，此時自不易再進行交往。因此，個人必須時時以開放的態度面對外在的世界，隨時有與他人作接觸的準備，如此才能有深切的交往。此外，個人應多注意他人的優點，少批評他人的缺點，且能多加體諒和容忍，則他人必能與之交心，更喜歡貼近自己，如此自能成為要好的朋友。

在朋友交往的過程中，個人若能適度的自我表露，是相當重要的。不僅如此，對他人的自我表露，也必須能為他人嚴守秘密，如此自可增進雙方親密的互動。當然，兩人交往是雙方的事，若在自己付出真誠而仍無法得到對方合宜的回應時，也不必太過於勉強，應採取順其自然的態度，以免引發惡感，甚或衝突。個人只要坦然面對他人，保持自然即可，以免自取其辱。因為朋友交往不是每個人都能以正常的心態相處的，不幸遇到這種

情況時，仍以避開爲宜。

總之，朋友相處之道是一門學問，也是一項技巧。只有懂得相處之道，並且不斷學習相處技巧，才能在不斷地折衝中體會朋友關係。個人若無法瞭解人際相處的奧妙，並從實際生活中體驗相處技巧，必無法得到成長。因此，朋友關係的建立是要持續不斷學習的。

第四節　同學

同學關係最主要乃在於學校。事實上，個人在成長過程中，除了在家庭中受到父母兄弟姊妹的影響而奠定其行爲基礎外，在學校中與同學關係的好壞常影響其日後的行爲和人際關係甚鉅。因此，個人必須在學校中努力學習與同學相處之道，以便能從中體驗人際關係的內涵和重要性，從而能學習與他人建立和維持良好的關係。至於，同學之間究應如何相處呢？同學關係和其他關係一樣，如彼此坦誠、開放胸襟、建立自我良好形象、懂得溝通之道。然而，同學關係畢竟不同於其他關係，又學生時代是屬於學習階段，其所受師長的影響也是吾人必須加以探討的。

基本上，學校是學生學習的主要場所。個人在學校中乃在學習做人和求學問，而在同學之間則爲互砌互磋、相互學習，其重要性不亞於其他人生階段，個人日後事業發展與人際關係常奠基於同學之間相處的經驗。個人最初在幼兒園和小學時接觸到同學，此時甚爲幼稚，同學相處多憑直覺，較少有思考能力，此時多偏向團體生活規則和團隊合作精神的學習。此時期個人剛脫離父母的管制，而以在家庭和鄰居同伴中所學習到的行爲規範，與同學接觸和互動。個人若在家庭和同伴的接觸中有了穩定的情

緒，日後在學校與同學相處時也較能表現穩定的情緒；否則，較不易表現穩定情緒，甚而有暴力或侵略傾向。前者較易建立和維持與同學的良好關係，而後者則否；且該階段較傾向於追求同性同伴的關係，而排斥異性關係。當然，在透過老師的教導，個人也可認識自己，理解社會生活中的規範，並尋求相互的幫助。

及至中學時代，個人較有一種強烈追求情感聯繫的傾向。個人會逐漸追求「一對一」的親密朋友，而不再是成群結隊的朋友關係。在情感上有脫離父母約束的勇氣，由依託父母轉而依賴朋友，一旦父母和朋友意見相左，常有依附朋友的意向。此時，在父母眼裡視為一種反抗期，一直到個體獨立成人。在中學時代，個人在生理上出現了第二性徵，開始對異性產生了興趣和感情。

到了大學時代，個人開始體驗社會上下層級關係，如前輩和晚輩、領導者與被領導等關係。個人在人際關係上逐漸開闊了視野，也有了邏輯的抽象思考，開始追求獨立自主，且有自律自主的生活態度。個人常將價值觀、人生觀和人際關係聯繫起來，而意識到自我的存在，開始產生了孤獨感，認識自我和他人之間的矛盾，並在孤獨中過著內省的生活。此時有人沈默寡言，有人擅於雄辯；有人擅於交際，有人害羞內向；有人自卑，有人優越等；個人常會很在意細微末節的小事，且在情緒上有很大的波動，但也因此而更確認和評價自己，最後達成穩定自我的境界。

觀察他人行為是個人在日常生活中瞭解他人的起點，個人在學校中與同學相處的經驗往往奠定了日後在社會上人際關係的基礎。因此，個人要想瞭解周圍的人，不僅要觀察同學的行為，且要探究同學行為對自己的意義。當個人在對他人行為尋求理解時，一方面要搜尋潛伏在他人行為背後的因果要素，另一方面則將多種多樣行為加以歸納，以求能真正瞭解他人行為的本質，並作為督促自我行為的準據，則個人較易建立與維持他人的良好關

係。

　　當然，個人和同學的關係和其他關係一樣，都必須建立自我良好形象，以求能真誠與同學相處。然而，同學關係畢竟處於學習的階段，其目的本在為學與做人，因此同學在成績上固可相互競爭，卻不宜相互排斥、嫉妒，唯有如此始能增長彼此的知識與見聞，同時切磋相互的社會關係，如此始能在未來事業生涯中立於不敗之地。

第五節　陌生人

　　陌生人和個人的關係雖不是直接的，但至少也是間接的。畢竟個人是生活在人類群體之中的，即使是陌生人之間仍將影響社會的安定與否，因此吾人仍不能忽視陌生人的關係。當一個社會之中，人與人之間都能親切和藹、相互禮讓，則該社會必是和樂融融的；相反地，社會中的人際之間都是爾虞我詐、自私自利、缺乏公理的，則社會必紛擾不安。是故，陌生人的關係仍會影響整體社會的生活。

　　至於陌生人之間究應如何建立關係呢？首先，人與人相遇都應以微笑、點頭，用以建立彼此的信任感。其次，陌生人之間在極便利的狀況下，也可相互幫助。由於陌生人之間較少有利益的牽扯，較能自在相處。然而，陌生人之間由於不相熟識和不相瞭解，僅能維持膚淺的友誼，甚而必須提防其使詐或不當行動。因此，陌生人之間較難真誠相處，但也可能因較多的接觸而逐漸熟稔。

　　然而，所有人際關係的建立都是從陌生人開始的，為了維護個人的自我形象，個人必須與陌生人作坦誠的相處，並作適宜的

自我表露。不過,根據心理學的研究,個人對他人作太早的自我表露,往往會弄巧成拙。因此,在開始時只宜作簡單的寒喧,而在有進一步交往的機會時才逐序介紹自己的基本資料。換言之,對待陌生人固宜保持坦然的心情,但不宜作過多而露骨的陳述,以免陷自己於不利的境地。

在中國社會文化中所強調的「五倫」關係,即君臣、父子、夫婦、兄弟、朋友等,都是屬於相互熟識的人;而對於不相熟識的陌生人,不僅不加以重視,甚而相互排斥,以致於產生疏離。惟就人際關係的觀點而言,陌生人的關係亦應加以重視,因為此種關係所附帶而來的「公德」,往往是社會關係親疏的重心所在。若陌生人之間也能親切對待,則此種社會必是和睦的社會;而陌生人之間都漠不關心,甚或暴力相向,則社會必是充滿暴戾的社會;其影響整個社會的安定與否有重大的關係。是故,陌生人的關係仍是吾人所應重視的課題。

一般而言,對陌生人的恐懼主要乃在於不確定感。對於相識的人,彼此之間已有若干的瞭解;而對於陌生人在潛意識中難免有負面的想法,以致產生對陌生人的抗拒。為克服此種恐懼,個人首先可作自我反應的分析,以檢討自我的負面情緒。其次,重新調整對陌生人的心態,以表現自我的善意。再次,調適遭遇到被拒絕的感受,以諒解對方不得已的理由,如此自可在一旦與陌生人交談而受拒絕時,可免於情緒化的反應。同時,個人與陌生人相遇時,隨時須有接受被拒絕的心理準備。唯有如此,個人才能破除與陌生人的隔閡,而逐漸擴展與他人的關係。

總之,陌生人的關係仍是吾人必須加以重視和努力維護的,因為此種關係會影響到整個社會的安定與安全。雖然,吾人在遇到陌生人時,不必作過多的自我表露和太多的坦白,但基本的禮貌仍是應以維持的。同時,個人也不必時時刻刻拒絕他人於千里

之外，而應能改變自己對陌生人的想法，調整自我的心態，以撤除與人交往的藩籬。唯有如此，社會才能更為祥和，人們才能過著安和樂利的生活。

第**14**章

人際溝通技巧

- ■ 基本溝通技巧
- ■ 深層的溝通技巧
- ■ 解除衝突的技巧
- ■ 注意傾聽的技巧
- ■ 自我表露的技巧

人生在世隨時隨地都在與人溝通，溝通是人類生存最基本的生活技巧之一。個人無論在日常生活、求學和工作中都必須與人溝通，溝通能力的良窳正關係著個人生活和工作的愉快程度。良好的人際溝通可建立和維持與他人的良好關係，結交許多朋友，感受到被尊重和信賴，且在行事上將無往不利。不良的溝通則可能導致人際相處的不和諧，彼此埋怨，無法獲得良好的友誼，感受不到快樂，且頻頻更換工作，而在內心更感到空虛寂寞。唯有有效的溝通技巧可改善個人的生活品質，本章將於探討傳統的溝通理論之餘，再進一步研討人際溝通的技巧。

第一節　基本溝通技巧

　　本書第三篇雖然討論過人際溝通的一些原理原則、方式、障礙和溝通能力的培養等，然而實際的溝通技巧乃是發生在日常生活和工作中的。因此，個人必須在日常生活和工作中不斷地訓練和學習自我的溝通技巧，並能多加思考，以培養實際的溝通技巧，用以奠定個人建立與他人良好關係的基礎。然而，基本的溝通技巧乃是個人必須具備的，這些技巧甚多，此處所擬討論的包括注意傾聽、自我表露、有效表達等，茲分述如下。

注意傾聽

　　傾聽為最基本溝通的技巧之一。因為傾聽能使說話的人感覺受到重視，而對傾聽者信賴有加，且更願意交談。一位優良的傾聽者將能凝聚他人的注意力，它乃意味著承諾與尊重，是建立與維繫良好關係的重要技巧。相反地，一個不願意傾聽的人會令人

生厭，以致被解讀爲「只關心自己，不關心別人」，如此將阻斷溝通的途徑，扼殺了友誼的形成與發展。是故，傾聽是良好人際溝通的技巧。

　　一位懂得傾聽的人會瞭解對方、喜歡對方，能提供協助或慰藉。眞正的傾聽能感受到較佳的關係。因此，個人在與他人交往時，應隨時隨地檢視自己的傾聽程度，檢討自己是否眞正瞭解對方、喜歡對方，或是否能提供對方多少協助或慰藉。如果個人能時時持續不斷地加以檢視這些步驟，自然能提升傾聽的品質。至於在實際傾聽時，必須能全神貫注、全心投入，才能充分掌握溝通的內容，且能隨時提出問題並作回饋。其次，傾聽必須具有同理心，採取開放性的態度，才能尋得彼此間的相互認同。眞正傾聽的行動表現，包括維持目光的接觸、身體向前傾、以點頭鼓勵對方、以詢問澄清疑問、集中注意力等是。此將在本章第四節再作更深入的探討。

自我表露

　　自我表露是最基本的溝通技巧之一，也是個人表達自我訊息的溝通方式之一。由此所表露的訊息可能是一項所觀察到的事實，也可能是一種感覺，也可能是對他人或自己的一些感想，或是某種欲望和需求等。然而，訊息所顯現的結果往往因個人自我表露的程度而顯現出差異。因此，個人必須作適度的自我表露。合宜的自我表露可以增進自我體察的機會，增進彼此的親密溝通，引發自我和他人更多的表露，紓緩恐懼感，豐沛自我多餘的精力，如此不僅能活絡人際溝通，更可增進自我與他人的關係。

　　然而，個人要做到恰如其分的自我表露是不容易的。有時過多或過早的自我表露，反而有礙於人際溝通。此乃因過早或過多的自我表露使得自己早爲他人洞悉其內在性靈，以致失去吸引力

和神祕感，甚或給他人有可乘之機。但是，個人拒絕作自我表露亦可能引發更多的誤解，此則爲個人因恐懼、害怕受懲罰、怕被人說長道短、怕被人利用等，而不願作自我表露。如個人說出得意事，會被曲解爲誇張吹牛，以致不願作自我表露即是。事實上，自我表露的程度常須依當時的情緒、談話的對象，和談話的內容而有所不同。

一般而言，個人對熟識的人會作較多的自我表露，如對配偶、家人、親密的朋友等，態度會較爲開放；而對不熟識的人，尤其是陌生人，較不會作自我表露。又個人對無關緊要或不涉及私密的事，較願意自我表露；而對極重要或私密性的事物，較不會作自我表露；前者如對食物或衣服的偏好，後者如個人財務或性偏好。在某些情況下，個人也可能不想向任何人訴說任何事，如個人陷於極度的絕望或悲傷時常不想說話即是。至於自我表露的技巧，將於本章第五節繼續討論之。

有效表達

個人基本的溝通技巧之一，是有效地表達。有效的表達乃爲清楚地表明個人內心的想法，而將個人的觀察、思想、感覺和需要適度地表露出來，且各種溝通都須運用不同的表達方式，並以不同的詞彙表現完整的訊息，其原則不外乎：

■表達訊息應直接

有效地表達的第一要件，就是直接而完整地說出應說的訊息，而間接的表達常代表著「提防」的意味，其可能影響人際情感而阻斷溝通的持續，或表達不完整而引發誤解。

■表達訊息須及時

及時的訊息表達可得到立即的回饋，使他人瞭解自己的需求

或想法，此可用於調整自我的行為，或因和他人分享自己的想法，而增加了親密感。然而，無法及時的訊息可能因積壓過久，而發生量變質變的現象。例如，個人的怒氣積鬱太久，可能匯集成長期的怨氣，而一旦傾洩怨氣將造成與他人的疏離。

■ 表達訊息須明確

明確的訊息可正確而完整地反應出個人的思想、感覺和需求，此則有賴於個人的知覺能力；亦即能察覺對方所欲表達的內容，並懂得如何做出反應。為使訊息內容更明確，必須使所說的內容、說話語調及肢體語言都能一致，並明確地說出自己的感受與需求，且一次或一句話只談一件事，如此自可避免混淆不清的情事發生。

■ 表達訊息應一致

所謂表達訊息的一致，是指個人所表達出的目的，必須與內心真正想要溝通的內容一致而言。個人若掩飾自己的企圖心或隱藏著某些信念，則在溝通時必無法產生親密感，此與個人的匱乏感和自我價值不足有關。其乃因個人必須以此作為保護自己，而刻意創造出某種自我形象之故。事實上，只有直接說出實情，才能陳述自我的真正需求與感覺，也才能與他人分享真正的情感。

■ 訊息應具支援性

所謂具支援性，是指對方在聽完自己的訴說之後，能採取支援或認同的態度而言。個人在表達某項訊息時，應避免採用消極性的字眼，如愚蠢、自私、邪惡、卑鄙、無用、懶散等傷人的字句；而宜採用積極的字眼，如聰慧、明智、公正、慷慨、廉明、有用、勤奮、好棒等具鼓勵的字句，才能拉近彼此的距離，鼓舞對方的情緒與正面的態度。

總之，眞正的溝通會引發親密感與相互瞭解，而此則有賴基本溝通技巧的運用。個人在實際與人溝通時，起碼要具備注意傾聽、自我表露和有效表達等能力；這些能力只是溝通的基本要件而已，個人要想進一步做好人際溝通，就必須學習更深層的溝通技巧，此將在下節繼續討論之。

第二節　深層的溝通技巧

　　眞正的溝通只依靠基本的溝通技巧是不夠的，有效的溝通需要深層的溝通技巧。蓋溝通絕非表面的談話而已，它必須透過心靈的交流始能達成，而此則有賴更深層的溝通技巧。固然，有時未發一言一語也可能傳達個人的感覺與態度，然而，這仍需要心領神會才易完成。是故，個人要想和他人建立密切的關係，必須培養更深層的溝通技巧，這些技巧包括領悟肢體語言、體驗心靈交流、獲悉轉換性訊息、注意到潛藏性信念，並能澄清語言的意涵。

領悟肢體語言

　　肢體語言所牽涉的兩大要素，主要爲身體動作和空間距離。身體動作包括面部表情、各種姿勢、姿態和呼吸等；空間距離則爲在與人談話時的距離。由於語言可能是隱藏式的，故身體動作所顯示的往往才是眞正的訊息內容。在身體動作中，面部表情是全身最具表達力的部分。當一個人在交談時，其目光常轉移到其他事物上，即表示他不重視此次交談，或心有旁騖、或心存欺騙，而不敢正視對方。此外，個人要發現對方的情緒，可由眼睛和嘴形獲得最正確的訊息。再者，觀察他人面部表情，可留意其

眉毛是高揚或低垂，額頭是縮皺或平滑，下顎是緊縮或鬆弛。從這些面部表情，個人將可發現或尋找一些真正訊息的蛛絲馬跡。

再就身體姿勢而言，個人的手勢是最能表達某些訊息的。有些人即使在講電話時，也會做出一些對方看不到的手勢。個人手勢所表達的訊息很多，諸如握拳常表示憤怒、果斷、堅決、自信等情緒，搔頭常表示困惑、為難等是。又如立姿挺直表示自信、樂觀，彎腰駝背常缺乏自信而悲觀；走路輕盈表示行事積極、心情愉快，走路緩慢而腳步沉重表示悲傷、遭遇到困境或挫折；坐時兩腿平放、微張表示開放，兩腿交錯不斷搖晃表示無聊、憤怒或挫折等。

此外，呼吸是顯示某些訊息的重要指標。如呼吸急促表示興奮、恐懼、暴怒、焦慮，而間歇的喘氣則表示焦慮或緊張。個人在日常生活中偶爾可駐足體會自己的呼吸方式，如感覺疲倦或沮喪時可感受到呼吸短促，而焦燥不安時可感受到呼吸快速。依此，個人可用以觀察他人的呼吸狀態，再加上其他肢體動作，而從中體會他人的情緒與所表達的訊息內容。

至於，空間距離亦影響人際溝通甚鉅。一般而言，兩人互動的距離越近，其關係越親密；反之，則越疏遠。人類學家赫爾（Edward T. Hall）將人際互動距離區分為：親密距離、個體距離、社交距離和公開場合距離。親密距離一般屬於愛人、密友以及親子間的距離，此種距離在十五公分至四十六公分之間，有實際的碰觸。在非親密夥伴之間，若在沒有任何屏障的情況下而處於親密距離內，將會感到受威脅或不安。例如，在擁擠的電梯或公車中，當人們被迫彼此碰觸時常感到不自在。

個體距離大約在四十六公分至一百二十二公分之間，為聚會場所交談的適合距離，此可提供討論較私密的話題，並可輕鬆地碰觸對方，其約為維持與對方一隻手臂的距離。社交距離為一百

二十二公分至三百六十六公分之間，此距離多半發生在交際應酬與生意場合，如與客戶或服務人員的洽談，或主管與部屬之間的督導空間；有時，家庭中夫妻在閱讀、看電視和偶爾交談，也會採取此種距離分坐。至於，公開場合距離維持在三百六十六公分至六百公分以上，以適用於非正式的聚會、教師與學生的距離、上司與一群員工的距離，或政治家或名人的距離。

雖然如此，空間距離常因文化差異而有所不同。例如，拉丁民族的個體距離就比盎格魯撒克遜民族來得近，前者常因近距離而感到舒服，後者則感覺不舒服而移開。即使在同一文化中，個體間的距離也有所不同，如受歡迎者闖入個體距離內可能不被排斥，而不受歡迎者一旦如此則會造成不愉快。又如女性進入男性的空間，要比進入其他女性的空間容易；相反地，男性進入其他女性的空間，則可能被視為入侵或不尊重女性。

總之，肢體語言所包含的意義極為深遠。無論是身體動作或空間距離，都隱含著語言文字以外的溝通涵義。吾人要想做好真正的溝通，就必須兼顧身體動作表現的各種姿勢、姿態和面部表情，並依人際關係的親疏而掌握各種空間距離，如此才能真正做好溝通的工作，且完善地達成溝通目標。

體驗心靈交流

深層的人際溝通有賴心靈的體驗，才能完整地相互瞭解。因此，個人必須學習運用心靈去探討他人的內在世界，才能有深層的溝通與密切的交往。心靈交流需透過意識性的交流分析，體驗其中的情感和情緒因素。誠如本書第八章所言，個人宜善用各種自我狀態進行合宜的交流，其中個人最應培養的是成人自我狀態，並進行呼應性交流，如此始能有心靈上的溝通。

當然，為了激起共鳴的心靈，個人必須瞭解他人和自己的父

母、幼兒或成年的角色溝通，用心體會或探知自我和他人的自我狀態，才能選用適當的語言和表達方式，並進行合宜的互動。因此，為使溝通有效，個人必須遵守下列法則：

1. 瞭解自己是以何種自我心理狀態在進行溝通。
2. 瞭解自己是以何種自我心理狀態在發送訊息。
3. 瞭解對方的幼兒自我狀態，探尋其意識，並予以保護。
4. 懂得保護自己的幼兒自我狀態，免於受傷害。
5. 避免在與他人溝通或互動時，運用懲罰性的父母自我狀態。
6. 可思考自己的父母或幼兒自我狀態，但以成年自我狀態來解決衝突問題。
7. 運用自己的成年自我狀態進行有關資訊的處理，以求說出應說的語言，而避免不當的語言。

探尋轉換性訊息

　　口語內容的訊息往往受到音調、共鳴、發音、節奏、音色與韻律等的影響，而這些常不經意地傳達某些訊息。同樣的語言經由不同的音調常顯現出不同的感覺、身分與地位，此即為轉換性的訊息。轉換性訊息帶有「絃外之音」的意味，幾個平淡無奇的字眼或少許音韻的改變，都可能形成轉換性的訊息，此種訊息主要是經由韻律、音調和修飾語詞所形成的。此種訊息在表面上看起來似乎是直截了當而合理的，惟在事實上卻可能傳達出埋怨或無禮，以致引發人際衝突。因此，在人際溝通過程中，吾人必須探尋轉換性訊息所隱含的意義。

　　當個人在與他人進行溝通時，除了要注意所要表達的訊息內

容之外，尚須注意音調、共鳴、發音、節奏、音量、韻律等的變化。蓋由這些非屬於語言內容本身所顯現的訊息，往往影響溝通的有效性，此即為轉換性訊息的基本功能。易言之，個人的情緒和態度往往透過轉換性訊息而表達出來，此時個人會故意改變說話時的音調或韻律，或使用特殊的用語和語氣。例如，相同的語句常因個人在音調的不同上，而表現出歡樂或沮喪。又如個人因興奮而說話快速，因懶散而說話緩慢，但有時說話快速常表示緊張或不安全感，而說話緩慢聽起來誠懇而周密。

在日常生活中，音量大有時表示熱情與自信，但也可能表示攻擊性強、自我膨脹或誇大其詞。又輕柔的聲音多代表信任、關心和瞭解，但也可能代表缺乏自信、具自卑感或所傳達的訊息無關緊要。然而，就溝通關係而言，輕聲細語較具溝通效果，常能顯現親密關係，但有時輕聲細語也可能代表悲傷或畏懼。總之，個人在與他人溝通時，必須從轉換性訊息中探尋對方的真正用意，才能做好溝通工作。

掌握潛藏性意念

對大多數人來說，他們所表達的語言常是隱藏式的，加以每個人對外在世界的經驗和觀感不同，以致語詞常有不同的涵義，甚或真正的訊息並未表達出來，以致形成潛藏性的訊息。此種訊息往往代表說話者的本意，此即為潛藏性意念。真正的溝通必須能掌握潛藏性意念，才能正確瞭解和掌握對方的心意；而此又與文字用語有關。例如，「禁止抽菸」和「請勿抽菸」與「不要抽菸」及「不准抽菸」、「禁止停車」和「請勿停車」與「不要停車」及「不准停車」等所潛藏的涵義是不相同的。

個人之所以會有潛藏性意念，很多都出自於不好拒絕對方或基於個人的隱私，而此種潛藏性意念類皆發生在已認識而不是很

熟識的朋友之間。自人際交往過程中，個人若能掌握對方的潛藏性意念，比較容易獲致同理心，進而促進其間的友誼；相對地，友誼關係愈密切的朋友之間，也愈肯表露自我，則潛藏性意念也愈少存在。是故，友誼的熟識度與其親密度和潛藏性意念的存在，往往是呈反比的。個人若欲人際溝通的順暢，就必須掌握他人的潛藏性意念，並由此而更增進彼此間的關係。

　　總之，個人若欲建立與他人更深的友誼，就必須學習更深層的溝通技巧，而要熟悉深層的溝通技巧，就要領悟肢體語言的內涵，進行心靈上的交流，探索轉換性的訊息，並能掌握到對方潛藏性的意念。唯有如此，個人才能與他人建立共識，培養同理心，以期能得到更深的友誼，並建立起可長可久的關係。

第三節　解除衝突的技巧

　　人際相處難免有衝突的發生，吾人若能採取防範未然的措施是最好不過的，然而一旦有了衝突就應設法解除，甚而作事先防範。惟解除衝突有賴於良好溝通技巧的運用。有關溝通技巧已於前述各篇章中討論過，惟衝突時的溝通技巧乃為特例，故於本節另行論述。通常，個人在處於衝突時都難免有失去理智的情況，為了追求和諧的人際關係，吾人仍有必要講求解除人際衝突的溝通技巧。其技巧如下：

穩定自我情緒

　　個人在與他人衝突時，最容易情緒失控，而情緒失控是溝通的最大障礙。因此，個人想在衝突時與他人進行溝通，首要條件就是穩定自我情緒。蓋只有個人在穩定的情緒狀態下，才有進行

溝通的可能。當個人有穩定的自我情緒，才能與他人進行平和的交流，以成熟的態度說出理性的語詞，至少也能客觀地分析事理，如此自有解除衝突的機會。

去除不當偏見

個人若有意解除人際衝突，就必須消除對他人的偏見或成見。所謂成見，是指個人對某個對象採取極端單一化的認知，以致形成固定的刻板印象。偏見則為對某個對象有了成見，而採取厭惡或敵視的態度。當個人對衝突對象有了成見或偏見時，常易形成溝通的障礙。只有去除對他人不當的偏見，個人才可能敞開心胸與對方接觸，並進行溝通。因此，為了消除衝突而進行溝通，首先必須去除不當的成見與偏見。

使用輕柔語氣

在人際衝突時，不僅情緒衝突，而且會語氣高亢而激昂，如此將加深衝突的惡化。惟個人若想化解衝突的繼續進行或惡化，可改採較輕柔的語氣。不過，在實務上，當衝突正烈時，很難讓個人平穩情緒或語氣平和，甚而由於語氣過於平和往往使對方誤以為好欺負而變本加厲，反而激化了衝突，是故採用平和語氣亦需視情況而異。然而，站在解決和化消衝突的立場而言，雙方若無法改換較輕柔的語氣，將更難消除衝突的持續。因此，衝突雙方都能改採較輕柔的語氣，是解除衝突的前奏。

採用正面字眼

儘管衝突時人們很難保持平穩的情緒，以致會使用負面性的字眼，而加深彼此的傷害；然而為了解除現有的衝突，個人若能改用較正面的字眼，當能減除激烈的衝突，或逐漸緩和衝突的發

生，使之化爲無形。當然，在衝突過程中很難要求個人運用正面的字眼，但可在激情過後，情緒較穩定時進行溝通，此時採用正面的語詞，當有助於衝突的化解。

就事論事論辯

人際衝突難免有激烈爭辯的情況發生，惟爭辯若能就事論事，當能有助於衝突的緩和或化解。因此，就解除衝突的立場來說，就事論事的論辯是必要的。雖然在人際衝突中，人們很難就事論事，惟理性地探討衝突的癥結，卻有助於困難問題的化解。是故，若有回歸於就事論事的可能，就有重新溝通的可能。個人若能以就事論事的態度來溝通，且持心平氣和的態度面對對方，較能進行和解，並達成溝通的目標。

當然，運用溝通技巧以解除人際衝突的方法甚多，絕非本節所能涵蓋。同時，解除人際衝突的溝通技巧，尚可採用本書所提及的一般溝通技巧，並注意及體會可能影響溝通的各項細節，如此才能有助於衝突問題的解決或發生。總之，解除人際衝突的溝通技巧，是要經過不斷地淬礪的。蓋人際間一旦發生衝突，常不易理性的對待對方。唯有個人放棄成見，且抱持與人爲善的心態，才能化解人際間的衝突。

第四節　注意傾聽的技巧

在人際溝通的過程中，最重要而能促進成功溝通的部分，乃是注意傾聽。蓋傾聽不僅可充分瞭解對方所欲表達的意涵，更重要的是能讓對方感受到受重視和尊重。因此，人際溝通的最重要技巧並不是學會如何說話，而是學會聽話。所謂聽話就是能深入

瞭解對方所表達的訊息，並用心去領會地傾聽，而不是只用聽覺器官去聽取訊息而已。換言之，傾聽是有目的而專注地聽取，是一種主動聽取的技巧。在傾聽的過程中，對方將因為所表達的訊息能夠被完整地接收，而感受到被尊重和被接納，以致產生個人的價值和自信，而更能增進彼此的互動。是故，傾聽是人際彼此瞭解的開始。至於注意傾聽的過程和技巧，將論列如下：

全神貫注

在人際溝通過程中，個人首先必須能貫注精神、集中注意力，才不致受到周遭其他訊息的干擾，而能全盤接收對方所表達的訊息。至於全神貫注的方法，就是：

■ 調整自我的生理限制

一個人在與他人溝通時，若身體不適或有聽力障礙，自會影響傾聽的效果。例如，一個人生病時，必無法專注，此時就必須坦白告訴對方，同時提振自我的精神，並讓對方有作適當調整的機會。至於有了聽力障礙，就需要戴上助聽器，或用其他方法去克服這個問題，以免引發誤會。因此，要能注意傾聽，首先必須克服自我的生理限制。

■ 去除溝通的各種阻力

通常影響個人傾聽的因素，很多都出自於環境上的干擾，如突發的噪音、亮光等，可能造成個人注意力的中斷，此時就必須把注意力貫注在對方的話語和各種肢體動作上，如此才不至於分心。甚至於個人若已另外在從事其他事務時，必須能立即停止這些動作或活動，如此才能仔細聽到和掌握到對方說話的重點。

■ 預作談話的心理準備

任何溝通活動都必須預先作心理準備，才容易成功，尤其是在傾聽的階段更需如此。個人若在傾聽時，未能做好心理準備，往往不能掌握到問題的重心，以致功虧一簣。因為預作心理準備，個人才不致分心，不存有任何雜念，才能把握住對方談話的重點。通常個人在與他人談話時，若存有雜念，如不久前的不愉快、想著明天的約會、掛念著未完成的報告等，都會使人分心而無法接受到說話者所傳達的真正訊息，終致產生不良的傾聽。

■ 做好聽說的順利轉換

在與人談話時，個人有時要聽、有時要說，此時就必須掌握聽和說的時機，作適時的切入，如此才能讓對方知道自己已經在傾聽，否則將無法使談話持續下去。通常兩個人之所以會發生自說自話而無交集的情況，其原因固係出自於個人的主觀意識，而最重要的乃為雙方都未做好聽和說的順利轉換之故。因此，吾人在與他人對話時，首先需注意傾聽，然後才是說話。在傾聽時可掌握他人談話的內容，同時在內心預想如何回話，如此才能順利地轉換聽和說的空檔，以做好溝通的工作。

■ 完整傾聽的適當反應

在與他人交談時，個人必須作完整的傾聽再作反應，方不致有所偏頗或只聽取部分的訊息，而做出不正確的反應。此常發生在個人尚未聽完對方的話之前，就誤以為知道對方要說什麼，以致打斷了對方的談話，如此極易讓對方感覺到不受尊重或重視，甚至以為個人從未真正傾聽過，如此自會使溝通受阻。是故，個人需讓對方把話說完，然後再作反應，不僅表示個人已在傾聽，而且也顯示個人很重視這次的談話。

■ 配合溝通的情境目的

　　個人要想做到注意傾聽，必須配合溝通的情境目的。蓋每種溝通都有它的情境目的，有些溝通可能在尋求安慰與協助，有些溝通可能只是在取樂，有些溝通可能在尋求學習，而有些溝通則在尋求彼此的瞭解。如果溝通只在於取樂，就不必有太多或專注的傾聽，以免反而形成情緒困擾。相反地，溝通目的如果是在尋求瞭解、安慰、協助，甚至在於學習，那就必須有較專注的傾聽了。因此，傾聽仍需配合溝通的情境目的，以免弄巧成拙。

真正瞭解

　　要做到專注傾聽必須尋求真正的瞭解，因為真正的瞭解能與人際親近和注意傾聽是成正比的。人際間若無真正的瞭解，將很難建立親密的關係，且也無法做到傾聽的地步。例如，一個人對和自己有關的事務必然會專注傾聽，而對和自己無關的事務大多會表現漠不關心的態度，此表現在人際關係和溝通上亦然。至於，所謂真正的瞭解必須能深入他人所傳達訊息的內涵，而不是表面上的語詞或文字，此有賴於注意傾聽始能完成。是故，積極傾聽是尋求瞭解訊息的先決條件，而要做到專注傾聽必須瞭解訊息的涵義，其要領包括確認語法結構、掌握肢體動作、把握重要訊息、整合訊息意涵等。

■ 確認語法結構

　　要瞭解對方的訊息內容，就必須能確認其語法結構。不同的語法結構乃代表不同的訊息涵義，即使是相同的文字語詞，其結構變化不同，常呈現不同的涵義。因此，要確認這些語意的組織結構，才能掌握說話者所要表達的意念。傾聽者必須從說話者的訊息中，找出訊息的目的、主要觀點及其細節，才能進一步瞭解

訊息的真正涵義。

■ 掌握肢體動作

要想瞭解對方的訊息涵義，除了需確認語法結構之外，尚需能觀察和掌握其肢體語言。就事實而論，肢體語言不僅會顯現說話者訊息的真正內涵，更能協助傾聽者作更正確的解讀。誠如本書第九章所言，肢體語言所傳達的訊息不管其涵義或訊息數量，並不亞於口頭語言。是故，吾人除了必須專注對方的談話內容之外，尚需注意對方是如何表達其訊息的。

■ 把握重要訊息

在人際溝通的過程中，許多談話內容往往是言不及義的，而真正重要的訊息往往少之又少。此時，傾聽者必須檢視真正重要的訊息，而擷取其內容。至於檢視訊息內容的方法，就是求證對方的真正意圖。例如，個人在對話而無法瞭解對方的真正意思時，可請教對方，而不要不好意思。因為有時聽不懂乃是因為對方敘述模糊，語焉不詳、含糊其詞、缺乏組織，只有作必要的澄清，才能真正掌握對方的真正訊息。

■ 整合訊息意涵

尋求真正瞭解的最後步驟，就是要整合訊息的意涵，此可在傾聽他人訴說時同時完成。亦即個人在接收訊息時，必須在心理將他人所說的話加以整理，且在心靈上確認所理解的訊息，用以印證自己對他人所表達訊息的瞭解程度，此稱之為簡述語意（paraphrase），是個人在學習傾聽時所必須熟練的技巧。易言之，個人在聽取他人訴說時，需同時在內心整理他人說話的內涵，如此較能瞭解對方的意思，亦即表示個人確實在專注傾聽。

增進記憶

　　個人在注意傾聽的過程中，必須增進自我的記憶。記憶不僅表示個人正在專心傾聽，而且表示個人很重視與對方的談話及所談的內容。個人若無法做到記憶的地步，則在談話中即使有再多的訊息，仍然無法使談話有效進行。因此，增進記憶是個人專注傾聽時的必要步驟。通常人類的記憶都是由感官感受而進入短期記憶再進入長期記憶的歷程，而在訊息傳遞過程中若缺乏專注，則訊息往往無法進入記憶系統。是故，增進記憶和專注傾聽，事實上是相輔相成的。然而，有效的傾聽者用來增進記憶的方法不外乎：複誦訊息、運用聯想、多做筆記等。

■ 複誦訊息

　　增進記憶的方法之一，就是在心理上不斷地複誦訊息。在心理學上有所謂的過度學習（over-learning），即為將所得資訊不斷地一再重複背誦，直到學會而仍持續下去，以致能增進記憶的效果。因此，個人若欲將訊息由短期記憶轉入長期記憶中，則複誦訊息乃為增進記憶的重要方法。例如，個人初接收到某人的電話號碼時，常唸唸有詞，即為增進記憶的方法。

■ 運用聯想

　　個人增進記憶的另一種方法，就是運用聯想。所謂聯想就是將相關事物串聯在一起，以增進記憶的方法。例如，在行銷五大步驟中有所謂的「AIDAS」，就是代表注意（attention）、興趣（interest）、欲望（desire）、行動（action）、滿足（satisfaction），該名詞有助於行銷人員記憶其行銷步驟，而活用其行銷術。又如，幼兒對數字的學習，即由個位數而十位數而百位數……，逐漸擴展到龐大數字的學習，即為一種串聯學習的結果。因此，個

人運用聯想就可將訊息轉換為容易記憶的方式，此將幫助個人的記憶。

■ 多做筆記

幫助記憶的另一種方法，就是多做筆記。做筆記就是將資料記錄下來，以備未來回憶之用。此種方法雖不適用於人際對話，但在通電話、作簡報、訪談或會議進行中，卻是最能增進記憶的方法。做筆記會迫使人注意傾聽，從而能強化記憶。至於做筆記時，只要記載主要內容和概念以及部分細節即可，記錄文字不宜太冗長，且要能提綱挈領，而能力求正確。

翔實評估

專注傾聽的另一歷程，就是要翔實評估。所謂翔實評估，就是要針對所瞭解的訊息判斷其真實性與可信度。為求翔實評估，個人必須能專注傾聽。此時，個人在交談過程中，不能只是聽過就算，而要仔細思考自己對訊息的感受，並預為反應作為準備。易言之，個人要對訊息作批判，以求作出合乎既定目標或價值的決定，此種過程實乃包括區辨事實和評估推論。

■ 區辨事實

所謂區辨事實就是辨明訊息的具體內容，這可經由觀察而得到證實的事項，此與推論顯然有所不同。舉例來說，有人說：「我看見雅文闖紅燈，可見雅文是個不守法的人。」顯然地，「雅文闖紅燈」可能是事實，但說「雅文是個不守法的人」卻不一定是事實。因為雅文固然闖紅燈，但闖紅燈可能是他疏於注意，或紅燈轉換太快使人措手不及之故，而不是出自於他不守法的習慣。是故，即使推論是出自於事實，但卻不一定正確。此種情況在人際交談過程中，是屢見不鮮的。因此，吾人必須懂得如何去

區辨事實，方不致流於偏頗。

■ 評估推論

　　在區辨事實和推論之後，就是要評估推論的正確與否。在人際交談之中，若貿然接受推論，往往會混淆了事實，故而吾人宜小心檢驗和評估推論。由於推論是由事實而產生的，有些推論可能是正確的，而有些卻不見得正確。評估推論是否正確，必須從幾方面去驗證。首先要瞭解事實和推論之間的相關性，其次要瞭解對方說話的真正背景，同時探討說話者所舉事實是否足以支持其推論。

適切反應

　　個人要想發揮注意傾聽的技巧，尚須能做出適切的反應。蓋適切的反應正足以顯示專注傾聽的結果，若個人缺乏有效的傾聽，絕無法做出正確而合宜的反應。易言之，互動的雙方都是從反應來瞭解溝通的效果，反應正是傾聽過程中最後的整合階段。個人在傾聽中，若能做到全神貫注、真正瞭解，而有準確的記憶，並作翔實評估，且作出適當的反應，則人際溝通必然是成功的。然而，有效溝通反應的基礎就是尋求同理心（empathy）。在人際溝通過程中，同理心實扮演著很重要的角色。至於產生同理反應的方式，至少包括避免批評的反應、合乎主題的反應、言行一致的反應、情緒支持的反應等。

■ 避免批評的反應

　　良好的溝通應避免批評性的反應，宜採取正面積極的鼓勵性反應。在人際交談的過程中，對方或有偏激或不正確的談話，此時個人必須設法緩和自我的情緒，避免對對方作批評性的反應，只作依據客觀事實的評斷。即使是對方主動的要求，也應顧及場

合而做積極建設的建議。

■ 合乎主題的反應

在人際交談時，雙方都應重視談話的主題，切不可作出離開主題或轉移話題的反應。蓋離題的反應不僅讓人感受到對方沒有專注傾聽，且可能懷疑其言論不受重視，甚而讓人出現負向的感受而損及對方的自我價值，進而影響到雙方的關係。是故，專注傾聽的反應是切合主題的反應。

■ 言行一致的反應

個人在交談時，宜使語言訊息和肢體動作力求一致。事實上，肢體動作有時比語言訊息更具影響力。若一旦有言行不一致或不連貫的情況發生，將使人產生挫折感而致談話無法持續下去，進而阻礙彼此的關係。是故，言行一致的反應是相當重要的，它往往可顯現出個人的誠意。在人際溝通時，個人需顯現言行一致的行為與態度。

■ 情感支持的反應

人際交談若想得到完滿的結果，必須能有支持對方的情緒，並給予適時的安慰。缺乏支持情感反應的交談，很難得到對方的心，將無以求得共識。情感支持的反應就是表示傾聽者能真正瞭解對方的感受，並接納、關心其情緒。此不僅表現在正向情緒，如快樂、歡愉、榮耀、滿足上，而且更呈現在負向情緒，如煩惱、悲傷、憤怒和失望上，尤其是後者更需要做出情感支持的反應。

總之，注意傾聽是人際溝通很重要的一環，而要做到注意傾聽首先必須能全神貫注，然後才能真正瞭解對方的談話內容，並記住對方所說的話，接著翔實評估對方的語言動作的真實性與正

確性，而作適切的反應。當個人能注意傾聽他人的談話，始能尋求和獲得同理心，進而建立起共識，始能進行水乳交融的對話。是故，注意傾聽是人際溝通的重要技巧之一。

第五節　自我表露的技巧

在人際溝通的過程中，聽和說是最重要的歷程。因此，人際溝通除了要重視傾聽的技巧之外，尚需注意自我表露的技巧。所謂自我表露的技巧，就是要求自我能完善而有效地表達自己的思想、意念，並以最佳的語言和肢體動作加以呈現，以求能和他人進行良好的溝通之謂。然而，有效的人際溝通只要某些程度的自我表露。雖然愈是熟悉的人，可能愈會作自我表露，但是過多的自我表露可能反而導致疏離，而產生負面的結果。是故，自我表露固可幫助人們相處得更好，但毫無保留的自我表露卻可能造成負面效果。只有在對方有同樣的回應時，自我表露最能產生正面效果。因此，在人際溝通的過程中，要作自我表露必須遵守下列原則：

表露所當表露的訊息

個人在作自我表露時，只表露雙方在交談時所應表露的訊息，而對與交談內容無關的訊息，則不作表露。蓋超越交談內容的表露，常會帶來某些威脅或危險，且大多數人在他人表露超越交談內容時，常會不知所措。

採取漸進的自我表露

自我表露的內容常隨著交往的深度而異。當人際開始交往

時，所能表露的內容極其有限，隨著交往程度日深，其所可表露的內容將愈爲豐富。此乃因隨著交往程度日深，其可共享的資訊愈多之故。然而，無論如何，自我表露需採漸進的方式爲之，以免過急而形成反效果。

注意安全的自我表露

自我表露有時含有若干程度的冒險，故而只宜對所信任或完全陌生的人作較多的資訊表露。對所信任的人作表露，是因爲他們不會危害自己；又對完全陌生的人作表露，乃爲因爲他們無從利用這些資訊來危害自己。然而，有時對熟識的人作自我表露，可能在日後會產生一些安全的問題。因此，個人在作自我表露時，必須考慮或密切觀察這些情況的發生。

保持穩定的自我表露

個人宜在穩定的親密關係中作自我表露。因爲在親密關係中表露出害怕、親密和內心深處的秘密，才是適當的。至於在初識時即表露自我，是相當冒險的行爲。在建立相互信任之前，即作太多的自我表露，可能引發別人的猜疑，甚至令人感到不安或厭惡，終而離你而去。

作回應性的自我表露

個人在與他人交談時，必須能得到相對的回應，才能作自我表露。當自我表露沒有得到適當或明顯的回應時，就應該停止自我表露。因爲他人沒有作相對的回應，即表示彼此之間的關係尚未到需作自我表露的程度。因此，個人必須檢視他人未作相對回應的原因，而避免作不適當的自我表露。

總之，自我表露技巧是需要經過學習的，個人必須持續練習

在某些場合針對不同的人作合宜的自我表露。固然，真情流露地
自我表露很容易引發他人的同情，但往往伴隨著受到傷害的危
險。因此，更多或過早的自我表露都是不合宜的，吾人不可不
慎。

第**15**章

. . . .

協商談判技巧

- 協商談判的理論基礎
- 協商談判的法則
- 協商談判的過程
- 協商談判失敗的原因
- 協商談判技巧的運用

在人際相處和溝通過程中，人們難免有意見相左的情況發生，此時就必須依靠協商或談判而取得共識，這就牽涉到協商談判技巧的運用。就事實而論，所謂協商或談判不一定指很正式的會商形式，有時簡單的會面而能講究交談的技巧，也能顯現協商談判的意涵。因此，協商談判的技巧是吾人在平時就必須加以不斷練習和培養的。本章首先將就協商談判的理論基礎加以研討，然後據以研析協商談判所應秉持的法則，同時分析協商談判進行的過程，且探討吾人應如何運用協商談判技巧。

第一節　協商談判的理論基礎

人們在日常生活中隨時都會遇到需協商或談判的場面，如購買物品、舉辦活動時爭取他人的合作、遭遇困難時需請求他人的協助等是。換言之，人們之所以要協商或談判，乃是因為彼此存在著某些關係，這些關係乃構成了協商談判的基礎。惟人們相處的關係大多屬於相互依賴的，只有此種關係才能形成人際間持續的交往。當人們在交往過程中，雙方所付出的心力與所獲得的酬賞都能使彼此感到滿意時，則雙方的關係乃能持續下去，否則將無法繼續維持，此即為社會交換理論（social exchange theory）。

所謂社會交換理論，是指人們在交往過程中，能基於互惠的原則而採取均衡互換（equilibrium of exchange）的行動，使雙方都能得到滿意的結果而言。此種均衡互換的行動是人際交往的主要基礎，也是彼此協商談判的重要根基。人們在交往或協商談判當中，若缺乏均衡互換的原則與行動，則很難談判成功。此種均衡互換的關係，可包括物質的，如財產和金錢的交易；也可包括

精神的，如名譽、愛情、友情、尊嚴、服務等的互換。舉凡這些關係愈能維持均衡，則人際關係的維繫愈能和諧而長久，且人際協商也愈能成功。

惟在實務上，人們很難完全維持一種均衡的關係。在人們實際交往的過程中，難免有一方多得了一些，而另一方則少得了一些。此時，若少得的一方能不計較，則雙方關係尚可維持下去；惟就事實而論，此種關係是很難長久維持的。蓋長期的不平衡易使損失的一方心生不滿，而改變原有的行為方式，以減輕或消除不公平所帶來的不快。其方式包括：

1. 降低原有的付出：當個人的人際關係處於下風的狀態時，他會重估自己的付出與所得的報償。不管此種付出與所得的比率，係出自於自我本身的評估，或來自於與他人互動所感受到的結果，一旦個人感受到不平的狀態，他將會降低自己對與他人原有關係的付出。例如，個人在與他人交往的過程中，屢次感受到自己吃虧，則他將改變原有的付出，以力求自我心理上的平衡。

2. 曲解原有的認知：在個人與他人交往或互換關係中，若個人感受到自己明顯的損失而又無法解決時，他可能重組自我的認知。例如，個人會告訴自己：「吃虧就是占便宜」、「他比較困苦」、「他的個性就是這個樣子」等等，以尋求合理化；同時用以改變自己的想法，而尋求自我安慰。當然，此種自我認知的曲解，不僅可用來解釋自己對他人的付出與酬償的比率和結果，且可用來詮釋他人對自己的付出與酬償之比率與結果。

3. 斷絕原有的關係：當個人在感受到與他人不平衡的交往，而又無能解決時，他也可能會選擇斷絕原有關係的方式，

而拒絕與對方繼續交往，以尋求自我的平衡。

4.進行消極的抵制：在個人感受到人際的被剝削而又無能斷絕原有關係時，他將可能採取消極的抵制行動。此用於解釋雇傭關係尤為明顯。當勞方在感受到公司的不公平待遇而自己又無其他途徑可謀生時，他可能採取怠工、疏忽、不熱心等行動。

5.重新尋求新關係：當個人在感受到舊有關係的不平衡時，他也可能重新發展新關係。例如，個人在與某人交往時，很少感受到被關懷或對方的付出時，則他不僅會斷絕那層原有的關係，而且將會重新結交新朋友。

6.要求他人的付出：當個人感受到自我在人際相處之中有所損失時，他也可能要求對方多付出；而在對方願意多付出時，多少可平衡個人自我的心理；但在對方拒絕多付出時，則可能持續引發不平衡感，終而使個人更加劇降低或拒絕原有的付出。

綜合上述，社會交換理論或關係均衡理論實乃為構成人際關係的基礎，且是人際協商或談判的根基。此乃牽涉到人際相處的利害關係。就事實而論，人際相處多講求利害關係。不論是合作或競爭的情況，當對方利害關係一致時，則彼此維持合作關係的可能性較高，雙方透過談判取得共識的機會也較高；否則，雙方將很難透過談判而取得共識，也不易取得合作關係。

第二節　協商談判的法則

協商談判既是人際相處的日常活動，且為達成關係的平衡或

互惠，則吾人必須重視協商談判的法則，以求能建立和維持合宜的人際關係。為求達成此目標，吾人宜遵守下列原則：

增進互動次數

在人際協商過程中很難一次就可成功的，除非雙方在開始時即已存在著共識。因此，吾人平日就必須擴展人際交往的層面，增進與他人交往的機會；而一旦在有事協商時，比較有談判成功的機會。一般而言，如果互動次數多，而且能瞭解彼此的意願時，較能建立互信的基礎，則談判成功的可能性自然增加。根據心理學的研究顯示，人際互動的三要素為：認知、情感、活動。當人際間的認知愈一致，其情感就愈親密，而其互動的頻率就愈多；而互動愈多，其情感也愈親密，彼此間愈能取得共識。相反地，人際間的認知愈不一致，將很難有親密的情感，當然也難以增進互動的次數，除非是要刻意去挑剔對方的毛病時為例外。準此，當個人在平日能建立與他人的情感，增加互動的次數，則可建立彼此協商的基礎，增進談判成功的機會。

能夠就事論事

在實際談判當中，意見相左的情況隨時會發生，此時絕不能意氣用事。為了避免雙方產生對立或激烈爭執的情況，雙方都宜就事論事。蓋意見衝突並不表示就是相互敵對，此時應儘量減少可能產生敵對的機會，否則不僅會徒增困擾，且可能使事情毫無轉圜的機會。通常人們在協商過程中，如果有人持反對意見，常會誤認對方是在不滿意自己或刻意攻擊自己。事實上，他可能只是在陳述意見而已。個人若無法瞭解或釐清此種事實，常使自己誤陷於爭執之中。因此，個人應能面對問題而將自己的感覺抽離，以使自我能以更開放的態度面對談判，如此較能客觀地與人

協商。

眞正瞭解人性

　　人性都有它的優點和缺點，爲自己謀福利顯然是其中最主要的特色。在談判過程中，此種特性將會暴露無遺。然而，設身處地爲他人設想，仔細聆聽他人的意見、瞭解他人的感受、由對方立場考量其想法、預測對方所期望的結果，以及誠意地自我表達等，卻是談判成功的不二法則。因此，在談判時個人宜運用仔細聆聽的技巧，充分讓對方表達其內心眞正的想法、感覺和需要，然後採取開誠布公的態度提出因應策略，如此自可增進談判成功的機會。易言之，談判者必須培養對人性的安全、親密、信任和自尊等需求的敏感性，才能眞正瞭解人性，發揮其優點而抑制其缺點，使談判能得到較圓潤的結果。

力求利益分享

　　誠如前節所言，人際關係有時是利益分享的關係，尤其是它存在著共享、並存或對等的利害關係。此種利害關係乃是人們談判的基石，缺乏此種基礎則人際談判不可能有成功的機會。因此，唯有利益分享才能使雙方一次又一次地回到談判桌上，直到雙方都能接受爲止。當然，在討論過程中，個人必須能抑制自己的反應，勿太早預設解決方案，直到雙方充分表述之後，再不斷地作修正，從中討論可行的方案。

列出可行方案

　　在談判過程中，若能列出可行方案較有著力點，使談判得以持續進行，當然這必須在談判進行相當過程之後才提出。在可行方案提出之前，個人必須審愼考量自我的願望和雙方可能接受的

程度，然後蒐集對方可能提出的方案，經過腦力激盪加以討論。當談判雙方已充分表達意見而且瞭解對方需求後，雙方必須從互利或衝突的角度來探討和分析資料，以尋求雙方都能接受的方案。

　　總之，人際談判是人際交往的基石，人際相處既有意見衝突的時候，則必須進行談判。唯有談判成功，才能進行人際交往。因此，人際協商與談判絕不是簡單的事，吾人必須隨時檢視各種人際狀況，增進與他人互動的次數和機會，以尋求真正瞭解人性，在協商時能夠就事論事，力求利益分享，並列出許多可行的方案多加討論，才能取得共識，以增進談判成功的機會。

第三節　協商談判的過程

　　人際間之所以需要協商談判，乃是因為其間有了差異或衝突產生。因此，協商談判可能是基於完全不同背景、立場，或需求完全對立的人際間，彼此尋求共同平衡點的一種過程和手段。在此種過程中，雙方都想從中得利。惟就事實而論，協商談判可能成功，也可能失敗，這完全取決於雙方是否都滿意於其結果而定。此種過程是相當冗長而複雜的。當然，不管協商談判是否複雜，其至少可包括下列階段：

準備階段

　　在協商談判之前，個人必須先做好規劃，分析彼此的優勢和劣勢，評估什麼才是雙方最理想的結果，什麼是雙方最可能接受的方案，什麼情況是不滿意但可接受的，雙方最可能接受的底線是什麼等等。在準備期間，個人必須多方蒐集資訊，擬訂有利的

適當策略，並列出可供選擇的方案和建議。因爲有利的策略是依據資訊而形成的，而有用的資訊往往是決定談判勝負的主要關鍵。

至於取得有用資訊的方法很多，諸如向可信任的人求教、向相關第三者試探、蒐集類似情況的資訊等等。在蒐集資訊前，事先評估需要何種資訊、那些資訊是可用的，以便在正式談判時可用來和對手作交涉。因此，談判前的準備工作是相當重要的。所謂「凡事豫則立，不豫則廢」、「知己知彼，百戰百勝」，在在都說明了準備工作的重要性。當然，協商談判是一件相當艱難的工程。吾人在談判之前，除了應先充分準備各項資料之外，尚須在心理上作更充分的準備；一旦談判成功固然可喜，而若失敗亦宜重新檢視新資料，以謀求更合理的方案。如此一再重新檢討，直到談判成功爲止，畢竟談判本來就是一而再、再而三不斷循環進行的工作。這就牽涉到耐力的問題了。

討論階段

討論階段是指雙方都向對方解說事實情況，並進行意見交換；同時表達自己的感覺和想法，向對方說明自己的合理解決方法，且經雙方有來有往地表明自己的看法，以尋求雙方取得利益和需求爲目標。因此，討論是解決雙方僵局的不二法門，若缺乏討論則雙方都無法瞭解對方的意向，如此將無法進行協商談判。在協商談判過程中，雙方唯有透過討論才能獲得雙方的相關資訊，並修正己方原有的策略，以求能達成協商談判的目標。

在討論的技巧方面，個人可試圖詢問對方的想法。其實，個人取得雙方資訊的最佳方法，就是能從對方那兒獲得資訊，並設法瞭解對方知道己方多少資訊，所謂「知己知彼，百戰百勝」即是。至於探測對方資訊的方法，可採單刀直入的方法。所謂單刀

直入法，是就某項問題直接發問的方法。直接發問的優點就是：(1)可直接瞭解對方的想法；(2)可逼使對方馬上回答，若對方正面回答，將便宜了發問的一方；若不立即回答，則顯得誠意不足。不過，直接發問的缺點是暴露了自己的重點，引發對手的警覺。因此，有時採取迂迴策略可能較為適當。迂迴發問的優點是可旁敲側擊、不著痕跡，讓對方不加設防而從中取得真正的事實情況。

討價還價階段

在經過討論之後，雙方都可提出建議或要求，而對方也會有相對應的意見。此時，雙方可能你來我往出現更多的討論，有時則可能暫停討論，有時則進行更冗長的討論，雙方都可能重新考量自我和雙方的方案。此種情況將持續進行到接近或趨於一致時為止。在討價還價的過程中，若雙方都很堅持時，可作些許的讓步；但切忌讓對手以為那是應該的，否則對方很可能會進一步要求更多的議價空間。因此，每作一次讓步都要慎重考慮，且必須堅持的立場絕不能輕易動搖。惟對方若有讓步，也不可得意忘形，必須謹慎地觀察對方的肢體語言，作審慎的評估。

此外，在討價還價時，個人必須判斷何時應堅持、何時可讓步、應運用何種方式換取利潤、如何開價、應採取何種對策等。當然，個人保持自己在談判過程中的平衡是相當重要的。例如，要有堅持到底的決心，保持自然誠懇而平靜的心情，避免讓對方察覺到自己的困境等即是。再者，在談判時必須能確定所要談判的主題和目標，並能詳細評估自己的策略，瞭解對手的風格是否屬於喜歡討價還價的人，這些都會影響談判的結果。

協議階段

協商談判的最後階段，就是協議的成敗。如果雙方已經達成協議，則談判必然終止。惟若無法達成協議，則可能又回到討論階段，或重新準備階段。如此一再循環直到成功協議為止，否則只有宣告破裂。至於達成協議的最佳狀況，就是所謂的「雙贏」，亦即雙方都能從中得到各自的利益，或各取所需。惟在人際競賽中，雙贏的局面較少出現，最可能的情況多為一贏一輸，只要輸方損失不致太大而勉強可以接受，且為遷就事實，有時亦可能達成協議。然而，若輸贏的差距過大，除非有毀滅性的情況出現，否則達成協議的可能性將微乎其微。

總之，有效的協商談判需有相當的耐力與觀察力，其目的乃在使雙方都能得到彼此可接受的方案，以分享共同的利益。在談判過程中很難斷定彼此的合作或競爭關係，必須由雙方都作若干的讓步，才有可能發生交集，並取得共識。當然，大部分的談判都不是對等的，只有認真地評估彼此的優缺點，才能做出合理的決策。

第四節　協商談判失敗的原因

協商談判是一件困難的工作，因為它往往涉及雙方的利害關係，而人際間的利害關係是最不容易解決的，且常隨著時空的變化而不斷地在改變之中。因此，協商談判在很多情況之下都很難成功。綜其原因不外乎：

個性因素

協商談判不易成功的部分原因，乃是屬於談判者個人的特質問題。有些人生性多疑，不易與人合作，習於自我保護，此種人很容易在心理設限或作自我設防，在談判上極易弄得兩敗俱傷，即使對方多作讓步，也無濟於事。此外，有些人生性自私，剛愎自用，絕少考慮他人的立場。遇到這些不良特質的談判對手，切忌採取攻擊的方式而使問題更加惡化，甚至產生更大的衝突。此時應探求對手在談判事項中所潛藏的利益，然後分析其真正立場，透過第三人或對手的真正好友勸說，避免作直接面對面的討論或爭執，如此或許較易達成談判的目標。

對手強勢

在協商談判時，若有一方擁有絕對權勢，他方很容易屈就現實；惟若他方仍不妥協，則協商成功的機率必不高。此外，若雙方都沒有權力時，合作的可能性較高；但若兩人權力都很大而相當，爭執可能更為激烈，終使談判不易成功；尤其是若有一方採取強勢的作為，將更加速談判的破裂。理想的協商談判應是理性的會商，惟在事實上是行不通的，因為談判的一方若作讓步，必使對方誤認為弱者，而不斷地作更進一步的要求，終使談判陷入僵局。因此，在談判前，弱勢的一方必須找出較有利的談判結果，方不致全盤皆輸。

雙方疏離

一般而言，兩個熟悉的個人之間，較能彼此瞭解，在情感上較能相互容忍；而在疏離的人際間，不但無法相互瞭解，且常持懷疑態度，以致爾虞我詐，較難有一起協商的機會；即使勉強協

商，成功的機會也不高。因此，生疏的人際關係常是協商談判的殺手。是故，協商談判有時可透過熟悉的第三者從中協調，尋求合理的方式為雙方找出共識點，則達成協議的可能性必增高，否則將不易成功。由此可知，疏離的人際關係往往是協商談判不易成功的原因之一。

亂搞權謀

在協商談判過程中，若有一方不守誠信而亂搞權謀，將使協商談判功虧一簣。在所有談判之中，誠意乃是談判的基礎，缺乏誠意的談判很容易使談判破裂。固然，人們之所以要談判乃是因為有了歧見之故，但歧見可透過溝通或談判而尋求化解，至少也可在異中求同。然而，要想達到此境地，則須談判雙方都能表現相當誠意始有可能。因此，亂搞權謀將使談判破裂或協商不易達成。

外在壓力

有些協商談判不易成功，並不是出自於談判當事人，而是來自於當時環境或他人的壓力。此種情況大多發生於所欲交涉的事項涉及許多相關的當事人，一旦談判事項牽涉周圍的人、事、物，將使協商趨於複雜，此時則有賴談判雙方的睿智了。在牽涉多人利害關係的狀況下，談判當事人一方面要面對對手，另一方面又要整合己方的共識，以致常陷於進退兩難的困境，此時唯有步步為營先取得內部共識，才有與對手討價還價的籌碼。若無法做到這些，將使協商談判趨於失敗。

總之，協商談判是具有高度藝術性的工作，它既需有專門知識，也需要高度技巧。缺乏人文素養和寬闊的胸襟與遠見，將使談判不易成功。在人際相處的過程中，吾人隨時都會遇到需要協

商或談判的情況，只要個人心存善念，多體驗他人的苦處，從而能設身處地為他人設想，諒必能化解許多無謂的紛爭。

第五節　協商談判技巧的運用

協商談判是一種完整的人際互動過程，因此有效的協商和談判技巧必須依據此種過程的各個階段而靈活運用。本節將依協商談判過程的各個步驟，提出有效談判技巧的運用。首先，協商談判必須先訂定其主題和目標，然後再和對手對談中必須能營造和諧的氣氛，並瞭解對手的特性，詳細評估彼此策略，活用對談技巧，並調整可能的策略，且在談判中保持平穩的情緒，直到對談有了結果時予以審慎地結束對談。茲分述如下：

確定談判目標

任何活動都有其主題和目標，協商與談判活動亦然。因此，在協商或談判之前，首先必須確定所要對談的主題和目標，才不致迷失方向或喪失對談的結果。在對談時，必須隨時掌握對談的目標，方不致偏離主題。蓋瞭解談判的具體事項是非常重要的，吾人若能將所要談判的重點加以組織，並明確地提出，當有助於全盤狀況的瞭解，且取得致勝先機。是故，在談判之前就宜確定談判的主題和目標。

營造和諧氣氛

和諧氣氛乃是平和對談的基礎，一旦缺乏和諧的對談氣氛將使談判無以為繼。是故，營造和諧氣氛是決定協商或談判成功的因素之一。當然，談判氣氛乃是一瞬之間即可形成的。它可透過

善意的語言和肢體動作而加以塑造的，只要是出自於誠懇、善意、合作的任何肢體動作，都可營造和諧的對談氣氛。在對談中，不論其情境如何，挑起對手的敵意絕對是不智的。因此，塑造和諧氣氛對談判來說是大有幫助的。

確切瞭解對手

任何談判都必須能確切瞭解對手，才能掌握談判的脈動。談判對手的性格、背景、需求、能力、見識、態度等，往往是決定協商或談判成敗的因素。所謂「知己知彼，百戰百勝」，乃是談判前後所要奉爲圭臬的。因此，蒐集談判對手的資料，與蒐集所要談判的主題和目標，是同樣重要的。當然，如果一位談判者本身夠敏銳的話，往往也可在談判中觀察到對手的性格和需求等資料，而從中掌握相關資訊，順水推舟地去滿足對手的需求，以增進談判成功的可能性。是故，確切瞭解和掌握對手的各項資訊，是協商談判所要擁有的技巧之一。

詳細評估策略

一位具有良好協商技巧的談判者，必具有詳細評估自我和對方策略的能力。此種詳細評估策略的能力，往往是協商或談判成敗的關鍵性因素。因爲此種能力可洞悉自我和對方策略的可行性，據此於談判的適當時機作出明智的抉擇。因此，詳細評估各項策略能力的培養，乃是一位良好談判者所應具備，並應善加利用的技巧之一。

活用對談技巧

協商談判是一種具有相當彈性的活動，任何談判者若缺乏靈活的腦筋或技巧，將很難於談判中取勝。因此，在談判中，活用

對談技巧與否將是談判成功的關鍵。一位睿智的談判者必須能審視談判時的各種情景，善於活用各種對談技巧，以求能說服對手而取得談判優勢，並達成談判目標。活用對談技巧至少包括：自我的談吐、舉止、洞察情況的能力、策略的交互運用、體會對手表達事物的能力等，這些都是在談判中要立即反應的。當個人在與他人對談時，能適時發揮自己的口才，將能勸服他人接受自己所提出的方案，此時談判即抵於成功之境。是故，活用對談技巧乃為成功談判的基石。

彈性調整策略

在談判過程中，對談雙方的策略是不斷地在變換的，因此彈性調整策略也是必要的手段。尤其是當雙方的對談一旦陷於僵局，則彈性調整策略的技巧往往是化解危機的良方。蓋策略的運用只是談判過程的手段、工具和方法而已，談判所得的結果才是目標。是故，在談判中，固然不要輕易讓步，但也不宜死守立場。因為立場並不是最重要的，談判目標才是真正的重點所在，故而談判策略是可彈性調整的。唯有如此，才能使談判更為成功。

保持平穩情緒

在談判過程中，談判者雙方若能保持平穩的情緒，擁有良好的風度，才能使談判在平和之中進行，並使雙方在理性的狀態下完成其目標。因此，保持平穩的情緒乃是談判者所應具備的條件之一。在談判中，即使有理的一方亦應保持平穩的情緒，否則一旦表現非理性的行為，將反而全盤皆輸。因為保持平穩的情緒，才能在陳述目標時，更為清楚而堅定，以免對手誤解有任何妥協的空間。是故，保持客觀而理性是很重要的，此正可顯示出不卑

不亢的態度，而贏得對手的尊敬。即使遇到對手有不禮貌的行為，也不必回應，而以忽略對手情緒的方式，將問題再引回對談之中，如此自可化解尷尬的場面，而保持合宜的風度。

適時結束談判

在談判時，適時結束談判是相當重要的技巧；缺乏此種認識和技巧，可能節外生枝，使得談判無法善了。因此，適時結束談判是談判者所應具備的技巧之一。一旦談判有了明確的結果，談判者應立即終止談判，並做出協議書，避免有任何一方反悔或誤解協議的內容和結果，否則將使談判功虧一簣。此外，結束談判時機的掌握也是很重要的，當雙方都有了可接受的方案並產生共識時，切不可拖泥帶水，而應立即結束談判。

總之，有效的談判除了需具有相當的耐力與洞察力之外，尚需擁有嫻熟的談判技巧，如此才能增進雙方達成所要協議的目標。

第**16**章

團體互動技巧

- 團體的性質
- 團體溝通網路
- 有效團體的要件
- 團體領袖的角色與任務
- 團體成員的互動技巧

在人際相處與溝通過程中，除了兩人之間的對話和溝通之外，團體內部溝通或成員間的對話往往是最可能存在的現象。畢竟人際關係的建立很多都是在團體成員間互動而形成的。因此，本章將探討團體成員間互動的技巧。首先，吾人將研討團體的意義與性質，用以界定本章所謂的團體。其次，分析團體溝通網路，用以瞭解團體內部成員可能有那些溝通的路徑。再次，研析有效團體的要件，應如何展現團體的效能，然後探討團體領袖的角色與任務，用以促進團體成員間的良性互動。最後，研究團體成員內應如何作良性互動，用以增進彼此的關係，且建立和維繫良好的溝通。

第一節　團體的性質

　　在現代社會中，人們隨時都可能是團體的成員，或許是家庭的成員，或許是委員會的委員，或者是工作小組的人員等，這些組織通稱為團體。然而團體具有何等特徵？要界定「團體」一詞，並非易事。團體的界說，在社會學上應用甚廣。就一般觀點而言，可以說是以某種方式或共同利益相連結的許多人所組成的集合體，如家庭、政治黨派、職業團體等是。李維斯（Elton T. Reeves）說：團體乃是由兩個以上的人，基於共同目標而組成，這些目標可能是宗教的、哲學的、經濟的、娛樂的或知識的，甚且總括以上諸範圍。

　　不過，本章所用的「團體」，特別強調團體成員間的相互關係，不只是集合體的構成而已。蓋集合體所構成的行為，只能說是集體行為，這種集結的人員不得稱之為團體。因他們彼此沒有

相互認知與交互行為，並進而產生共同意見，如街道上的群眾、客機上的旅客。雪恩（Edgar H. Schein）曾謂：團體乃是由「(1)交互行為；(2)心理上相互認知；(3)體會到他們乃是一個團體」的許多人員所組成的。克列奇等（D. Krech & R. S. Crutchfield）也說：團體乃是兩個或兩個以上的人相互坦誠的心理關係；換言之，團體的成員多多少少具有直接的心理動向，他們的行為與性格對於團體內的個人具有相互的影響力。因此，團體的組成強調相互認知與交互行為的程度與其結果。

當然，團體的組成也具有相當的結構特性。誠如麥克大衛（J. W. McDavid）與哈瑞里（H. Harari）所說：團體乃是兩個或兩個以上相互關係的個人，所組成的一種社會心理系統，在這個系統中，各個成員間的角色有一定關係，同時它有一套嚴密的規範，用以限制其成員行為與團體功能。薛馬溫（Marvin E. Shaw）也說：團體乃是一種開放的互動系統，系統中的各種不同活動決定了這個系統的結構，同時在這個系統的指涉下，各種活動是相互影響的。顯然地，團體有一定結構。質言之，具有特定的持續性目的，又有一定組織的個人集合體才稱之為團體。而偶然的、一時的和無組織性的個人集合體，只能稱之為群眾。後者具有衝動性、動搖不定、容易興奮等特質，前者則否。

此外，團體的形成必基於成員間的共同意識。費德勒（F. E. Fiedler）就認為：團體是一群具有共同命運的人，基於相互依賴的意識而相互影響的組合。因此，團體是兩個或兩個以上的個人具有共同的二個條件：一為團體成員關係的相互依賴，即是說每個成員的行為影響其他成員的行為；一為團體成員有共同的意識、信仰、價值及各種規範，以控制他們相互的行為。

團體的組成除了受上述因素的影響外，尚需經過相當時期的認同與共同行動。邱吉曼（C. W. Churchman）特別重視團體內的

觀念認同性（identificability），他指出：一個團體乃是任何多方人員，經過一段時期的認同與完全的整合，而使得其行動與目標相互一致者。此外，白里遜（B. Berelson）與史田納（Gary A. Steiner）更強調面對面關係之重要性。他們認為「團體乃是由兩個以上，而非太多的成員所構成的組合體。他們經過一段時期的面對面關係之聯合，使別於團體外人員，而在團體內相互認同彼此的成員關係，以實現團體的目標。」換言之，個人之間必須有交互行為，包括任何方式的溝通，直接的接觸，以獲致種種的反應。團體如無這些關係存在，將呈靜止狀態，必不能成為團體。

當然，團體常因工作性質、工作情況與團體自我目標而有所差異。然而，所有性質的團體都具有共同的目標、一定的結構、共同的規範與意識、強固的凝結力與制約力等。此已於本書第三章第四節中有過詳細的討論，在此不再贅言。總之，本書所謂的「團體」，乃指兩個以上但非太多的成員，在一定的組織結構中，經過相當時期的交互行為，在心理上相互認同，產生共同的意識與強固的凝結力，以建立共同規範，而欲達成共同目標的組合體。

第二節　團體溝通網路

在團體動態關係中，成員之間的溝通網路往往決定成員的互動關係，並構成某些形式的結構型態。蓋團體動態的中心乃是成員的交互行為，而交互行為乃是指成員不拘形式的溝通。因此，溝通網路在團體動態中扮演極為重要的角色。團體成員之間的關係常受彼此溝通的限制，經由團體溝通可能改變成員的彼此行為，終使團體的各個成員行為趨於一致，而產生團體的凝結力與

規範。此種溝通網路正可告訴我們一個團體是如何聯繫在一起的。一般團體的溝通網路，可有五種代表類型（如第三章圖3-1所示）。該圖是假定有五種團體，均由五人所構成，其中線段代表溝通路線，則各個團體溝通路線的安排與數目都不相同。因此，各個團體的成員地位各異，解決問題的效率自然也不相同，各個團體的凝結力也有所差異。茲分述如下（如表16-1）：

網式溝通網

　　網式溝通網是指團體成員都直接與其他成員溝通，亦即每位成員的地位相當，角色運作相同，其影響力相等。此種團體溝通網路對解決問題的時效較慢，但處理問題較為周延；其成員溝通士氣最高，處事最熱忱。在團體結構上，沒有比較明確的程序。實際上，此種團體溝通網路較不易存在，因為團體中的每個成員很難同時與其他所有成員作相等互動的關係，尤其是團體成員愈多，其存在的可能性愈小；只有團體成員最小時，才有存在的可能。且此種團體溝通網路，沒有明顯的團體領袖出現。

圈式溝通網

　　圈式溝通網是指團體成員都只與兩位成員進行溝通，致形成圓圈式的溝通網路。此種團體溝通網路，正如網式溝通網路一樣，每位成員的地位、角色、勢力的運作都相同，且沒有足以領導該團體的領袖出現。每位成員在團體中的滿足感相同，但在解決問題的時效上較為迂迴緩慢。在實務上，此種團體溝通網路較少有存在的可能，因為每位成員很難只固定與其他兩位成員溝通。不過，較常與某些固定成員溝通是可能的。

表16-1　各類團體溝通網路比較

溝通類型	主要特色	成員士氣	工作績效	領導方面	存在可能性
網式溝通網	團體成員均能與其他成員直接溝通	所有成員士氣相當，處事同等熱忱	決策緩慢，但處理周延	沒有明顯的領袖出現	小
圈式溝通網	團體成員均只與兩位成員進行溝通	所有成員士氣相當，滿足感相同	解決問題迂迴緩慢	沒有明顯的領袖出現	小
鏈式溝通網	團體成員易形成無形的層級節制體系	處於中心地位人員較具滿足感，最末端成員士氣較低	解決問題較具時效，溝通有一定結構程序	有明顯的領袖出現	大
Y型溝通網	團體成員形成一定結構體系	處於中心地位成員滿足感較高，邊緣地位成員士氣較低	解決問題較具時效	有明顯功能性的領袖	大
輪式溝通網	爲一個有秩序的團體	團體領導者最具滿足感，其他成員滿足感較低	解決問題最具時效，但易出錯	有強有力的領袖	大

鏈式溝通網

　　鏈式溝通網構成了團體的無形層級節制體系，有了明顯的中心領導人物，也有一些團體的追隨份子（follower）。通常，處於

鏈式結構中心的成員，是位領袖份子，他在團體中地位最高、權力最大、最具滿足感。至於，處於鏈式結構兩端的成員，其地位在團體中最低，權力最小，較少有滿足感。在解決問題方面，此種溝通網路的團體較具時效性，此乃因成員在溝通過程中有一定的程序，避免一些訊息的迂迴之故，且領導人物處於中心位置，可優先得到訊息，掌握決策的先機。一般而言，此種團體溝通網路較有存在的可能。

Y型溝通網

Y型溝通網和鏈式溝通網一樣，在結構上有一位團體領袖。處於交叉點位置的領袖份子，比其他成員較早掌握訊息，所負的責任較重，擁有較多的權力，最具獨立感和滿足感，有可能形成功能上的領袖，而其他成員則不然，其中尤以處於各頂端位置的成員為最。此種溝通網會形成成員不同的地位、權力與滿足感，但對解決問題方面較具時效性。此種溝通網路的團體，在實務上較有可能存在。此乃基於人類自然劃分階級的本能，以及長期互動的結果所形成的。

輪式溝通網

輪式溝通網是一個有秩序的團體，每個成員都只與中心人物溝通，可避免不必要的訊息傳達。此種團體在解決問題方面，最具時效。團體領袖處於團體的中心位置，最優先得到訊息；他在團體中地位最高，角色運作最多，是個最具影響力和權力的人物。在個人滿足感方面，團體領袖最有滿足感，其他成員較差。此種溝通網絡的團體，在各種團體中較可能存在；此乃為團體成員常自限溝通對象的結果。

總之，各種類型的團體溝通網路不同，其間溝通的效率也不

相同。一般而言，網式與圈式溝通團體的溝通時效較差，但所有成員的滿足感相當。鏈式、Y型、輪式溝通團體的溝通時效較佳，但彼此成員間的地位較不相同，其成員滿足感也不甚一致。惟團體的溝通型態並不是固定的，通常團體成員都會自限溝通對象，且團體中都會有某位具相當特質或影響力的人，出面領導團體。加以團體成員的溝通，也可能受到環境的限制，致很難出現網式或圈式的溝通網，尤其是團體愈大，此種溝通網愈難存在。

第三節　有效團體的要件

吾人於瞭解團體的定義及其心理基礎後，當知團體的存在是不能抹煞的。唯有盡力去瞭解它，進而將之發展為有效的團體，才能貢獻於社會。

那麼何謂有效團體呢？簡言之，就是能夠發揮工作效率的團體，即某個團體於一定時間與空間內能充分發揮它的工作效果而言。美國學者古立克（Lucher Gulick）曾說：「不論私人的企業經營或政府的行政管理，其基本的目的都在追求效率。所謂效率，就是以最少的人力與物力完成其工作之謂。」

然而如何發展團體的工作效果呢？一個團體的效果，除部分依靠該團體結構的特性，如團體大小、組成份子、地位層級與溝通途徑等而決定外，部分則為成員間的互動性質、領袖資格、團體動機相互依賴以及友誼關係所決定。

團體大小（group size）

理想的團體應盡可能的小，但須具備達成該團體目標的一切技術。通常情形下，小團體比大團體更富有凝結力，但並不是說

較富有凝結力的小團體，其工作效率必高。以拔河比賽而言，大團體的力量比小團體為大，搬運工作亦然。惟小團體由於凝結力的強固，其個人產量往往超過大團體內的個人產量；更有進者，小團體容易滿足成員高層次的需求，並增加員工參與的機會，且缺工人數可能減少。再就創造性團體而言，小團體對具體問題較易達成效果，而大團體對抽象問題較為有效；小團體解決問題較為爭取時間，而大團體對問題的考慮較為周全。

綜合言之，團體大小對團體的有效性，需視工作性質與工作情況以及內外因素而定，吾人如要有效控制團體，宜思考各種因素作有利抉擇。

組成份子（composition of the group）

有效團體是由一群有效率的人員所組成的，團體內每個成員的人格特質常能決定團體效果。合作的、成熟的、順應的、為人所接受的、具有洞察能力等行為特性，與有效團體活動有積極的關係；而攻擊的、獨裁的、猜疑的、過於自信的、怪癖與冷酷等人格特質，則有阻礙團體活動的傾向。

此外，具有同樣價值、態度及興趣的同質團體，較具有穩定而持久的傾向，婚姻的和睦與美滿，大體上是由興趣與態度一致的人們所組成的。至於異質團體常比同質團體，有更多的創造力與發現更多解決問題的方法。惟其中包括甚多因素，吾人於接受上述概念時，宜採較為審慎的態度。

地位層級（status hierarchy）

地位層級對團體效果的影響，部分是依團體內的溝通模式所決定。大致上，團體中地位較低的成員，對地位高的成員溝通為多；蓋低層級的成員欲憑藉溝通，以為其擢升途徑而鋪路。此種

模式，通稱之爲上行溝通。

溝通途徑（channels of communication）

完整的溝通途徑能激發團體效果，就問題的解決而言，完整的溝通途徑最爲有效，然溝通的形式甚多，對解決簡單的問題來說，輪式團體較圈式團體爲快；解決複雜的問題，則圈式團體比輪式團體爲佳。此已於第二節有過詳細討論，不再贅述。

互動性質（interaction）

團體的效果深受成員互動性質的影響，參與式團體如其成員與領袖保持良好的接觸，且進行雙面的互動關係，其產量一般較放任式與獨裁式的團體爲高，蓋參與式的團體成員在本質上有獨立自主性，而感到自己受尊重。至於監督過於嚴格的團體，工人缺乏自由，以至於對工作、對上級，甚至於公司都會表示不滿，而採取消極的不合作主義，導致產量的減少、品質的降低，故管理者宜增加其互動的機會。

領袖資格（leadership）

一個團體要想產生效率，不但需有一位領袖，且要有一個有效的領袖，然而有效領袖需具備那些特質呢？在工作產量方面，領袖的特質有三：(1)認眞負責；(2)管理嚴格；(3)顧及下屬。至於科學上的領袖，應具備有技術能力、研究動機以及行政能力等特質。換言之，一個有效的領袖，不僅是一位好的領袖，而且也是一位有勢力的領袖。惟各種團體的有效領袖，須依團體本身的特質與需要而定。

團體動機（group motivation）

任何團體都有其目標，而目標的效果係受團體成員工作動機的程度所決定。團體內部成員動機一致時，團體效果較高，且對成員欲望滿足的程度也增加。然團體固係個人自由參與，惟有時不免產生自利行為，此與團體目標可能背道而馳。解決之道應設法使團體的成員之動機相互依賴，應用分工技術，使團體目標被接受的程度大增。

此外，促進團體動機的相互依賴，尚可採用團體決定法。蓋團體目標的決定由團體內成員共同為之，遠比部分參與的團體來得有效，即使有些微的歧見，仍會受到團體規範與制約力的壓制。何況參與決定的團體成員，其欲望比未參與者更易滿足，故團體決定法誠為達成團體成員動機一致的良方。

友誼關係（friendship relation）

團體成員間的友誼，可能產生愉快的團體生活，但不一定能產生團體效果，其結果有二：一種是親切的友誼，可以減少束縛，增進溝通，因而增加團體效果；另一種是親切的友誼，可能導致工作任務的放棄，蓋社會活動的增加，可能耽誤工作時間，減少了團體的產量。因此，友誼關係的建立，須因時因地因人因事而異，且作因勢利導的工夫。

綜合言之，吾人欲發展團體本身的效果，應能瞭解各個團體的特質，針對影響團體效果的個別因素，作適切的選擇，採取協調合作的態度，激發團體士氣，才能真正發揮團體效果。

第四節　團體領袖的角色與任務

　　誠如前節所言，一個有效的團體必須其成員和團體領袖都是有效的。因此，在團體內部互動過程中，成員和領袖都必須能扮演正面而積極的角色，且每個團體成員都可能扮演領導者的角色。易言之，大多數的團體都不只會有一位非正式領袖，而可能在不同時期出現不同的領袖；至於作為團體領袖對團體互動過程都具有一定的影響力，尤其是他所扮演的角色和所擔負的任務，往往對團體成員互動具有決定性的作用。因此，本節即將探討團體領袖的角色和任務。其至少可包括如下：

指引團體目標

　　團體領袖最重要的任務與功能，乃為指引整個團體目標的進行。例如，在開會時，會議主席首先就是在揭櫫開會的目的，並擬訂會議的主題，以使參與會議的成員知道要討論什麼、會議的目標為何。當然，有時團體目標是由領袖和團體成員經過共同討論而達成的，但是大部分目標都是由團體領袖所單獨訂定的。因此，團體領袖的基本任務就是在指引團體目標，並保持一定的主題，依此而尋求團體成員的共識，並獲致解決問題的方案。此即為團體成員良性互動的首要指標之一。

激發成員成就

　　團體領袖的基本任務之一，乃在激發團體成員的個別成就，然後集思廣益地尋求解決問題的途徑。例如，會議主席可要求各個成員分別發表意見，然後透過腦力激盪的方式集合大多數人的共同意見，去除無用的意見，最後作成團體決議。至於，激發團

體成員成就的技巧，就是在會議時必須積極地傾聽各個成員的意見，甚至在成員提出任何觀點與建議時都能簡短複述，使對方體會到意見被重視的感覺，且常保持微笑、點頭和支援的態度。然而，對於一些反對者的態度，仍然必須注意傾聽，即使不盡然同意他們的看法，仍應讓他們表達心聲，並予以尊重。如此，團體成員耳濡目染，久而久之自然學習到良性互動的模式。

建立團體共識

團體領袖的另一項任務，就是建立團體成員的共識。就事實而論，團體意識是整個團體之所以存在的基本條件之一，缺乏共識的團體必使團體陷於分裂，甚至於解體。因此，團體領袖的主要職責，乃在化解團體成員間的衝突，以及整合其間的不同意見。團體領袖可透過會議商討所有問題，隨著討論的進行而找出衝突的問題點，然後將這些意見或建議加以調和，最後經過會議或投票而取得結論；倘若無法達成協議，仍可再次討論，直到取得共識為止。此種過程即是團體成員學習良性互動的方法之一。

維持團體秩序

維持團體秩序，也是團體領袖的主要職責或任務之一。一個團體若無一定的規則或秩序，必是雜亂無章且不具成效的團體。因此，團體規範對團體的構成與存在，是相當重要的。固然，團體內部成員的衝突是無可避免的，但身為團體領袖就必須能掌握衝突，避免形成無法解決的情況，依此而建立起團體規則和秩序。例如，會議主席就必須懂得制止搗亂者，也能適時阻止冗長的發言者；固然有時耐心地傾聽是必要的，但引起反效果或衝突的發言，就必須予以有效的制止，這就必須依靠會議主席的睿智與維持秩序的決心了。此種維持團體秩序的技巧，往往是日後團

體成員所學習的標竿。

維繫團體士氣

團體士氣是團體效率的基石，團體領袖若要提升團體效率，就必須重視團體士氣。因此，團體士氣的維繫與提升，乃為團體領袖的重要任務之一。事實上，每個團體都有雙重目標：一為工作任務目標，另一為成員情感目標。一位有效而良好的團體領袖，除了會完成團體工作任務目標之外，也能提升團體成員情感的維繫，用以提高團體士氣。為了維繫或提升團體士氣，團體領袖必須瞭解團體成員的需求所在，使團體成員都能融入團體目標中，且能感受到被尊重與接納，則團體士氣必然高昂，且有助於團體成員之間互助合作的精神。

選用領導模式

一位良好的團體領袖必定會慎選有效的領導模式，用以激發成員的士氣，並達成團體效率。因此，慎選領導模式，乃是團體領袖的主要任務之一。當然，所謂領導模式並非一成不變的，其宜因人因事因時因地而異。亦即領導模式常隨著情境的變化而變化，團體領袖必須隨時注意情境的變化而選用最佳的領導模式。一般領導模式包括權威式、民主式、放任式等三種。此等領導方式的運用，完全依領導者對任務的敏銳性、團體的需求，以及領導者角色的彈性與喜好等因素而定。然而，團體領袖必須具備一定的睿智而慎選其方式，才能帶動團體成員作良性的互動。

總之，一個團體是否能表現效率或成員是否能作良性互動，團體領袖的作用甚大。團體領袖所扮演的角色和所擔負的任務，往往對團體內部互動具有決定性的影響力。團體領袖可能引導團體目標，激發成員的成就，協助團體建立共識，維持團體內部秩

序與士氣，並選用最佳的領導模式，用以建構團體內部的良性互動。

第五節　團體成員的互動技巧

　　一個團體要想表現效率或建構良性互動，除了身為領袖能運用其睿智的領導技巧之外，尚需團體內部成員能主動地作良性互動。所有團體成員為了尋求良性互動，都必須能遵守團體規範，彼此尊重，注重相互領導的觀念，並作自由討論，如此才能建構良性互動的團體。本節將逐項分述如下：

遵守規範

　　團體成員之間若想要有良好的互動，首先就必須能遵守團體規範。易言之，團體規範乃是團體成員交互行為的最高準則，缺乏此種準則則團體成員必各行其事，將無法形成共識或團體意識。蓋團體規範係團體成員行事的共同依據，每位成員都能依據團體規範行事，才不至於脫軌而能符合所有團體成員的期望。當然，團體規範可能早就已存在的，也可能是新創的；它可能來自於社會習俗，也可能出自於組織規範；它可能是團體領袖所創建的，也可能是所有成員互動而形成的。不論團體規範的來源為何，它總是成員必須遵守的，唯有成員都能共同遵守規範，其間的互動才會順暢。

彼此尊重

　　團體內部成員若想進行良好的互動關係，除了需奉團體規範為圭臬之外，尚需彼此尊重。蓋成員間的相互尊重乃是良好互動

的基石，缺乏彼此的尊重則雙方很難進行交往，更無所謂互動關係的存在。所謂彼此尊重，係指團體成員雖有社會或組織地位的高低，但彼此都能相互接納與尊重，即使有不同的意見，對方仍應注意傾聽，並加以重視，則比較能平順地改變自己不同的想法，否則將更加深其歧見。是故，彼此尊重是團體成員良性互動的必要條件之一。

相互領導

團體成員間的良性互動，除了需彼此尊重之外，有時也需承認相互領導的事實。蓋團體成員間即使有地位的高低，但其成員間的專業差異往往會出現相互領導的情況，這就是所謂的「多元化領導」（multiple leadership）。團體與其他組織最大的不同點，即為多元化領導。因為團體比較傾向於非一定形式的結構，不像其他組織一樣的「定於一尊」。蓋所有團體成員的自我專業，都能指引其他成員的行動方向，此即為「相互領導」的涵義。倘若所有團體成員都能體認「相互領導」的意義與存在，則彼此之間較能進行平常而良好的互動且能相互接納，並形成共識。

自由討論

團體成員間良性互動的另一大特色，就是能自由討論。所謂自由討論，是指成員間能不拘形式而自由自在地討論彼此間共同相關的事務而言。自由討論可建構團體內部的和諧氣氛，此正有助於形成良好的互動關係。蓋團體成員有自由討論的機會，當能瞭解心理上的差異或不同的認知，由此可尋求共識，終而能形成團結合作的氣氛，此正是團體內部成員良性互動的表現。準此，自由討論與尊重彼此意見，乃為每位成員要追求良性互動所必須重視和學習的技巧和素養。

總之，人際關係有時是在團體互動過程中形成的，吾人除了需注意自我的部分之外，尚需養成在團體內與他人互動的良好習性，才能建構美好的人際關係。畢竟人是社會性的動物，而人格的形成乃是在團體中經過環境和自我的交互作用所形成的。本書最後討論團體成員的互動技巧，即在探討前述自我人格和各種環境因素對人際關係的影響之餘，用以補充團體結構和互動過程對人際關係的綜合影響，以求能完整地瞭解到人際關係的全貌。

人際關係與溝通　　　　　　　　　　　心理學叢書 36

著　　　者／林欽榮
出 版 者／揚智文化事業股份有限公司
發 行 人／葉忠賢
責任編輯／賴筱彌
執行編輯／鄭美珠
登 記 證／局版北市業字第 1117 號
地　　　址／台北市新生南路三段 88 號 5 樓之 6
電　　　話／(02)2366-0309　2366-0313
傳　　　真／(02)2366-0310
E-mail／tn605541@ms6.tisnet.net.tw
網　　　址／http://www.ycrc.com.tw
郵政劃撥／14534976
戶　　　名／揚智文化事業股份有限公司
印　　　刷／鼎易印刷事業股份有限公司
法律顧問／北辰著作權事務所　蕭雄淋律師
初版二刷／2002 年 2 月
ＩＳＢＮ／957-818-319-4
定　　　價／新台幣 350 元

國家圖書館出版品預行編目資料

人際關係與溝通 ＝Interpersonal relations and
communication ／ 林欽榮著. -- 初版. --
台北市：揚智文化，2001 [民 90]
面； 公分 （心理學叢書：36）

ISBN 957-818-319-4（平裝）

1. 人際關係 2. 溝通

177.3   90014848